# 中世鎌倉のまちづくり

## 災害・交通・境界

高橋慎一朗

吉川弘文館

# 目次

鎌倉文化は「柏餅」 1

I 都市をつくる・維持する

一 鎌倉の山と谷 6

1 鎌倉の山 6
2 『吾妻鏡』に見える山の名前 9
3 山と都市鎌倉の生活 11
4 鎌倉の谷 14
5 谷戸それぞれの歴史 21

二　鎌倉と災害　35

1　都市の災害　35

2　火が襲う―火災　37

3　水があふれる―水害　51

4　風が吹き抜ける―風害　61

5　開発と領主　67

三　鎌倉を襲った中世の大地震　74

1　三つの大地震　74

2　正嘉の大地震　75

3　正応の大地震　81

4　明応の大地震　88

5　地震と文献史料　92

四　中世鎌倉の橋　95

1　小規模な橋　95

2　繁華街の形成　99

3　軍事上のポイント　102
4　特殊な空間　103
5　橋の維持・管理　104
6　シンボルとしての橋　107
7　中世鎌倉に見る橋の機能　112
五　都市鎌倉と禅宗寺院　116
1　中世都市鎌倉の展開　116
2　山内の景観　117
3　中世都市と塔　118
4　建長寺・円覚寺の華厳塔　121
5　禅宗寺院と塔　126
6　禅宗寺院の境致と都市の景観　128
Ⅱ　都市に暮らす・都市を訪れる
一　中世都市鎌倉―武家政権中心地の諸相　134

1 鎌倉の西と東—若宮大路の整備で東西を隔てる 134
2 行き来する人々—武士のほかに人夫や労働者も 138
3 訴訟のための鎌倉滞在—滞在のために借金も 141
4 都市の治安維持—人身売買も横行 145

二 中世の都市と三浦一族 149
1 都市と武士 149
2 三浦一族と鎌倉杉本 152
3 三浦一族と鎌倉亀谷 157
4 三浦一族と京都 164

三 一遍にとっての鎌倉 168
1 『一遍聖絵』巻五の風景はどこか 168
2 鎌倉のシンボルとしての鶴岡八幡宮 171
3 一遍は八幡宮に参詣したか 173
4 中心と周縁—鎌倉と片瀬 174
5 描かれたものと描かれなかったもの—聖絵の意図 180

四　鎌倉の境界と周辺　183
1　都市の内と外　183
2　『一遍聖絵』の木戸　185
3　都市鎌倉の境界　187
4　宿の木戸　189
5　木戸の機能　190
6　鎌倉と周辺地域の関係　192
五　鎌倉の武家屋敷　198
1　鎌倉に住む武士　198
2　今小路西遺跡の武家屋敷　200
3　『吾妻鏡』に見る接客空間　206
4　上層武士の屋敷の構成　210
おわりに　213

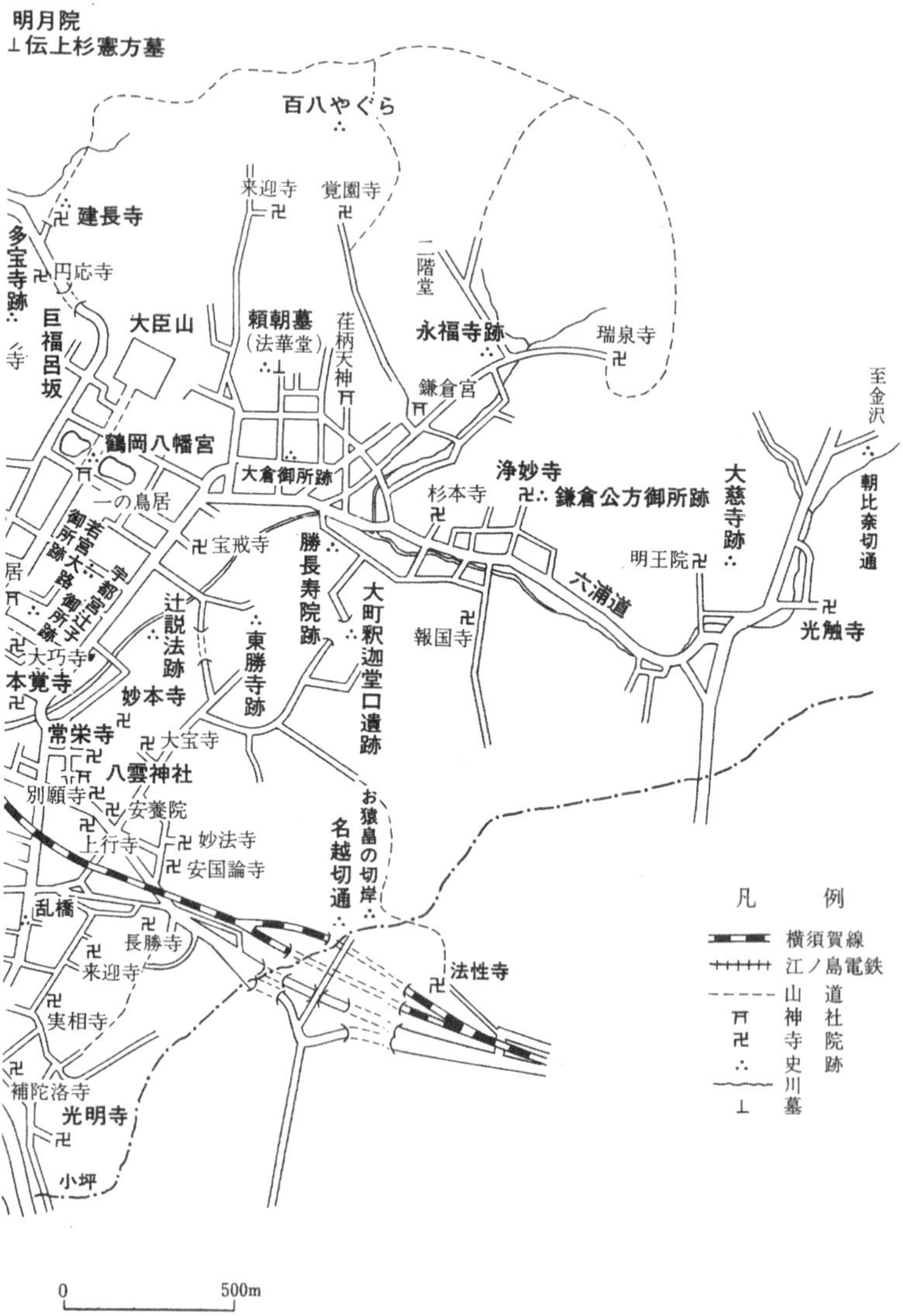
明月院
伝上杉憲方墓
百八やぐら
来迎寺
覚園寺
建長寺
多宝寺跡
円応寺
二階堂
巨福呂坂
大臣山
頼朝墓
(法華堂)
荏柄天神
永福寺跡
瑞泉寺
鎌倉宮
至金沢
鶴岡八幡宮
大倉御所跡
浄妙寺
大慈寺跡
朝比奈切通
杉本寺
鎌倉公方御所跡
一の鳥居
宝戒寺
勝長寿院跡
明王院
御所跡
若宮大路
宇都宮辻子御所跡
六浦道
辻説法跡
大町釈迦堂口遺跡
報国寺
光触寺
大巧寺
本覚寺
東勝寺跡
妙本寺
常栄寺
大宝寺
八雲神社
別願寺
安養院
お猿畠の切岸
名越切通
上行寺
妙法寺
安国論寺
乱橋
長勝寺
来迎寺
法性寺
実相寺
補陀洛寺
光明寺
小坪
凡例
横須賀線
江ノ島電鉄
山道
神社
寺院
史跡
川
墓
0
500m

円覚寺
最明寺跡
山ノ内
東慶寺
浄智寺
甘露の井
長寿寺
亀ケ谷坂
海蔵寺
薬王寺
葛原岡神社
日野俊基墓
浄光明
銭洗弁財天
化粧坂
英勝寺
寿福寺
佐助稲荷
二の鳥
鎌倉駅
大仏坂切通
高徳院
(大仏)
御成小学校
(今小路西遺跡)
桑ヶ谷施療所跡
甘縄神明社
光則寺
長谷寺
忍性五輪塔
わだづか
御霊神社
はせ
ゆいがはま
浜の鳥居
元八幡
虚空蔵堂
極楽寺
極楽寺切通
ごくらくじ
成就院
由比が浜
滑川
九品寺
材木座海岸
いなむらがさき
極楽寺川
稲村が崎
和賀江島

鎌倉遺跡地図

# 鎌倉文化は「柏餅」

現代の日本では、都市的な生活スタイルが全国に広がる一方で、東京をはじめとする一部の巨大都市への人口集中、という現象が見られている。しかしながら、日本の歴史を通じてみると、こうした都市のあり方は現代特有のものであることが明らかである。

まず古代においては、都城《とじょう》（平城京、平安京など）と各地の国府がごく少数の都市として存在し、それらはいずれも格子状（碁盤の目状）の都市プランをモデルとする都市であった。また、近世には江戸をはじめとするそこそこの数の城下町が、各地の中心地として機能し、それ以外の集落は「村落」として認識されていた。そしてそれらの都市は、城を中心とする同心円的なプランをモデルとしていたのである。

都城と城下町は、いずれも公権力が拠点とした政治都市・大都市であって、現代日本の都市のありようと似ている点もあると思われる。

いっぽう、古代と近世の中間である中世には、さまざまなタイプの交易都市が数多く存在していた。また、中世の都市は、一つのモデルでは示せない多様な都市であり、中小の都市が多かったことも特徴的である。中小の交易都市は、当時の史料上では「市」「宿」「津」「湊」「泊」などと記されていた。たとえば、備後の草戸《くさど》、近江の堅田《かただ》などがこのタイプに相当する。大規模な交易都市は数が少なく、政治都市・宗教都市の性格を兼ねている都市（京都、奈良、鎌倉）や、権力の支援を受けて外国との貿易を行う都市（堺、博多）などのタイプに分かれていた。

中世都市鎌倉は、中心部の面積は平安京の約半分であり、コンパクトにまとまっていた。考古学の成果からは、鎌倉時代の中心部には最大で一〇万人が居住していたと考えられており、かなりの過密都市でもあった。したがって、鎌倉は現代の巨大な政治都市に近似した一面を持っていたといえる。しかし、中世社会全体のありようからみれば、現代のような一極集中的な都市ではなく、鎌倉の生活スタイルが全国津々浦々まで浸透していたわけでもなかった。現代都市と共通する点と異なる点の両方を示す中世都市鎌倉のありようを探ることは、現代日本の都市の特徴を逆照射することにもつながるであろう。

そこで本書では、まずは中世社会のなかで、鎌倉が京都をはじめとする他の都市と、どこが異なっていたのか、その差異を明確にしていきたいと思う。

都市鎌倉の生活様式は、「まちづくり」の過程を含めて「鎌倉文化」と呼んでもよいと考えているが、その鎌倉文化の特徴は、唐突であるが和菓子の「柏餅《かしわもち》」に似ていると思うのである。柏餅を包んでいる柏の葉は、中世鎌倉のかたちによく似ている。まわりのでこぼこが谷であり、真ん中の葉脈が若宮大路になる（図1・2）。なかの餅は、特徴的な地形のなかで発達していった「鎌倉文化」そのものである。うわべは白い餅（京都風文化）できれいに包まれているが、なかは小豆《あずき》色のあんこ（武士の合理的な文化）がぎっしりつまっているのである。つまり、京都風を真似しながらも、現実的な東国武士の文化を基としていたことをよく表現しているのではなかろうか。

たとえば、源頼朝《みなもとのよりとも》をはじめ幕府の指導者たちは、若宮大路という特に目立つところだけを京都風の直線道路として建設し、そのほかの道は川の流れや谷の形にあわせて曲げてまちづくりを行っている。また、中世鎌倉の人々は、京都風の宴会用の土器（かわらけ）を真似して作りながらも、並行して、より簡単なロクロによる「かわらけ」も作り、少しだけ京都風の様式を取り入れたりもしている。

図1　柏餅のすがた

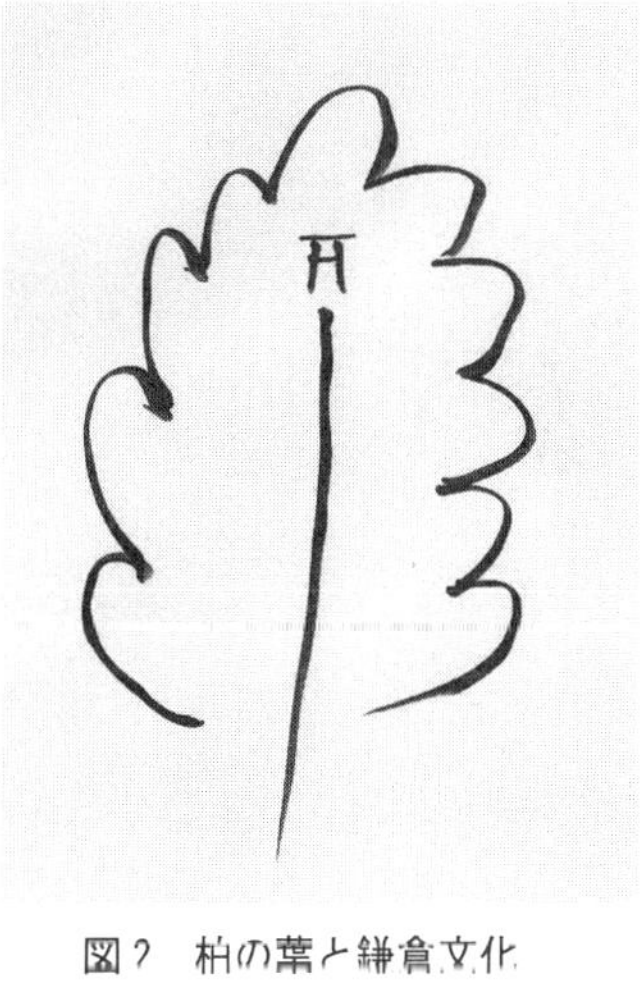

図2　柏の葉と鎌倉文化

こうした「柏餅」風のまちづくりを、本書ではより具体的に見ていくことにしたい。まず第Ⅰ部では、鎌倉の自然環境と都市生活の関わり、インフラや景観などについて分析を加える。第Ⅱ部では、都市鎌倉の住人の暮らしに踏み込んで考察し、住人の認識や都市鎌倉を支える後背地の問題にまで視野を広げたい。そして、いずれの部においても、「柏の葉」の形を特徴づける大小の「谷」(やと・やつ。谷戸と書くことも)の存在こそが、都市鎌倉の最大の特徴として、そこかしこに顔をのぞかせることになるであろう。

なお、本書では、本文中の引用史料は読み下し、割注部分は〈 〉を用いて示した。

# I　都市をつくる・維持する

名越の切通し

# 一　鎌倉の山と谷

## *1*　鎌倉の山

鎌倉は、幕府が置かれたころの都市の「かたち」が、大きな改変を受けることなく現在も残されている都市である。その「かたち」そのものが、多くの寺社や遺跡とともに、武家の古都としての魅力を伝えている。

鎌倉時代以来の都市鎌倉の「かたち」(構造)とは、中学・高校の教科書でもしばしば書かれているように、「北・東・西の三方を山に囲まれ、南に海が開けている」という地形をもとに、マイナーチェンジ(微修正)を加えたものである(図3)。

古代・中世の人々にとっての鎌倉は、「山」の印象が強かったようであり、奈良時代の『万葉集』には、

薪樵《こ》る　鎌倉山の　木垂《こだ》る木を　まつと汝《な》がいはば　恋ひつつやあらむ(作者未詳)

という歌が収められている。また、院政期の『永久四年百首』(一一一六年成立)にも、

われひとり　鎌倉山を　越えゆけば　星月夜こそ　うれしかりけれ（肥後）

という歌がある。いずれも、鎌倉全体を「鎌倉山」と称しているのである。この一首に限らず、古代・中世の文芸作品では、鎌倉全体を「鎌倉山」と記す例が多く見られ、山々に囲まれた鎌倉というイメージが広く存在したことがわかる。

**図3　鎌倉の航空写真**

しかしながら、鎌倉時代後期の『徒然草』においては、鎌倉で鰹《かつお》をもてはやすことを嘆くエピソードが見られるように、中世後期のころから江戸時代にかけて、鎌倉には次第に「海」のイメージが強まっていく。おそらくは、水上交通の発達に伴う交易の隆盛、「唐物《からもの》」と呼ばれる中国からの貿易品の流入、さらには、江の島とセットになった鎌倉観光の定着などがその背景にあるのであろう。

そして、明治以降の保養地としての鎌倉の再評価と山側の高台を中心とする別荘の建設、昭和初期の鎌倉山地区の住宅開発などを経て、現在の鎌倉は海と山の両方のイメージを兼ね備えた都市となっている。

さて、そもそも三方を囲む山とはいうものの、鎌倉の山は低く、その標高は一〇〇〜一六〇㍍程度である。京都の東山連峰が標高二〇〇〜四〇〇㍍あり、比叡山にいたっては八四八㍍あることと比較すれば、その低さは歴然としている。鎌倉は京都に比べて平地部が少ないということもあり、手ごろな高さの山と山際を積極的に取り込んで都市生活のなかで活用していく必要があったのである。

しかし、不思議なことに、現在使用されている山の固有名称で鎌倉時代に遡るものは多くはない。その名前からも武家の古都鎌倉を象徴する山と思われる「源氏山《げんじやま》」をはじめ、「衣張山《きぬばりやま》」「天台山」「鷲峰山《じゆぶせん》」などの名称は、江戸時代の史料に初めて登場するのである〔三浦編二〇〇五〕。

比較的古い事例としては、円覚寺《えんがくじ》の裏山の「六国見《ろっこくけん》」の名が、建武元（一三三四）〜二年作成の『円覚寺境内絵図』に見えている。

鶴岡《つるがおか》八幡宮の裏山を江戸時代には「大臣山」と称しているが、『吾妻鏡』治承四年（一一八〇）十月十二日条では単に「小林郷之北山」と呼んでおり、南北朝時代成立の『万葉集』の注釈書『詞林采葉抄《しりんさいようしょう》』では「武山」としている。ちなみに、同書では現在の源氏山のことは、「武庫山」「亀谷山」としている。

そのほか、「離山《はなれやま》」（大船）は室町時代の史料に初めて見え、「鎌倉山」（極楽寺《ごくらくじ》の西北）は昭和の住宅地開発以降の命名である〔三浦編二〇〇五〕。

## 2　『吾妻鏡』に見える山の名前

鎌倉時代の基本的な歴史書『吾妻鏡』には、少ないながらも鎌倉時代に遡る山の呼称を見出すことができる。

まず、明確に特定の地名として使用されている例としては、「大倉山」（建久元年〈一一九〇〉五月十五日条、建久二年二月十五日条）、「名越山《なごえやま》」（承久元年〈一二一九〉九月二十二日条）、「甘縄山《あまなわやま》」（貞応三年〈一二二四〉三月十九日条）、「佐佐目山《ささめやま》」（寛元四年〈一二四六〉閏四月二日条）などがある。これらの名称は、いずれも現在は使用されていない。名称の成り立ちを見てみると、「広域地名＋山」というパターンであり、一つの山を指すのではなく、地域の背後に広がる複数の山々を総称したものと考えられる。

次に、何かに付属する山、という事例を見てみよう。「比企谷《ひきがやつ》山」（文永三年〈一二六六〉四月二十一日条）、「亀谷并泉谷所々山」（文永二年六月十日条）のように、谷に付属する山という形で表現される場合や、「大官令《（大江広元）》亭後山」（正治二年〈一二〇〇〉六月十六日条）、「故右大将家《（源頼朝）》法華堂後山」（建暦三年〈一二一三〉三月十日条）、「永福寺《ようふくじ》奥山」（寛元三年十月十二日条）のように、建物の後ろ（奥）の山という形

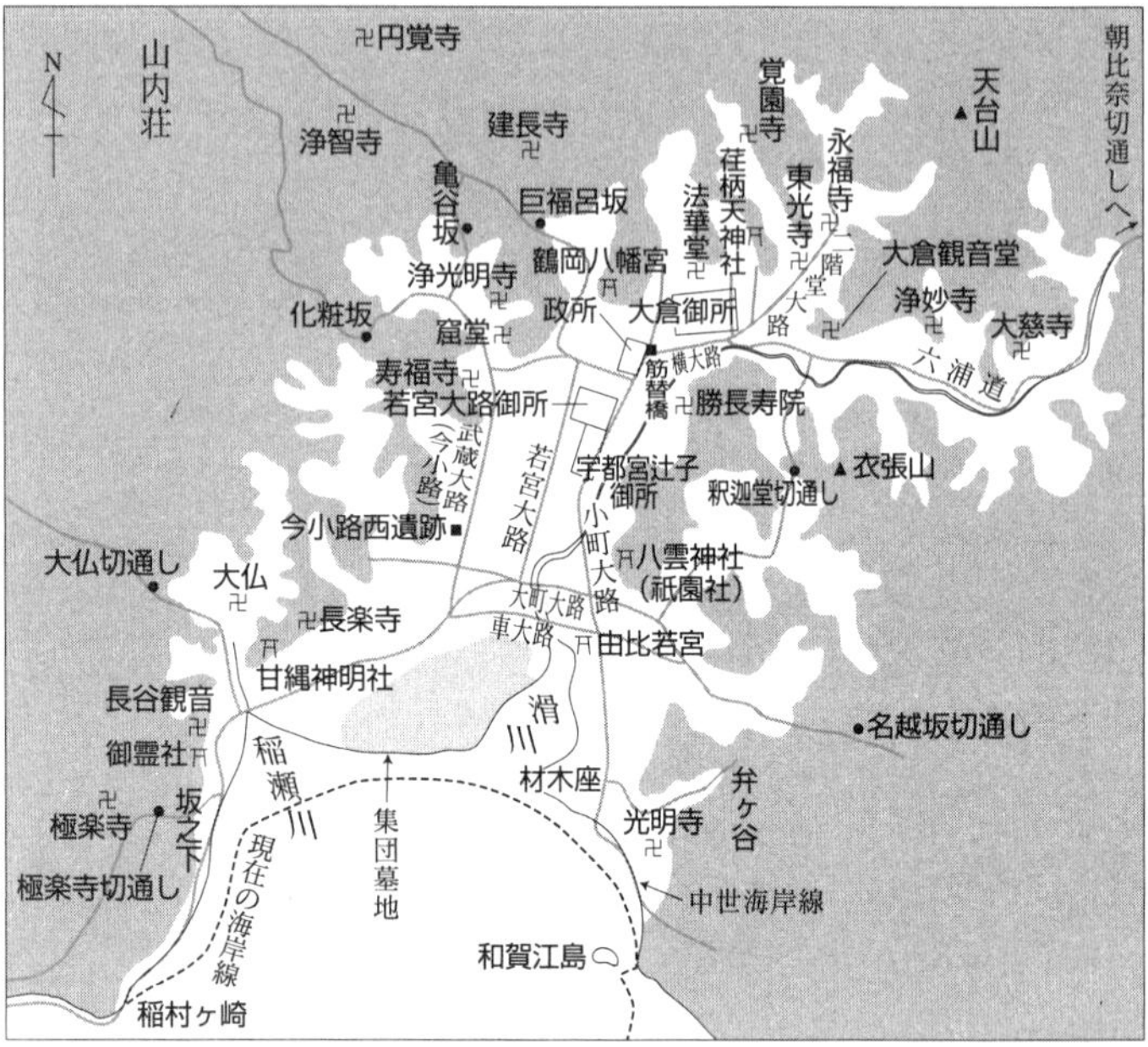


**図4　鎌倉時代の鎌倉**（高橋慎一朗『武家の古都，鎌倉』山川出版社，2005年より）

で表現される場合があげられる。これらは、居住域である谷や建物などを中心として、その背後を形成するもの（屏風のようなもの）としての山、という発想から成り立っている。

また、「気《け》和《わ》飛《い》坂（化粧坂）山上」（建長三年〈一二五一〉十二月三日条）のように、坂道の一部として表現されている事例もある。

以上のように、鎌倉時代の鎌倉においては、個別の山の名は少なく、漠然とした指示の仕方で山を表現していたことがわかる。個々の山の名がなければ、山に囲まれた鎌倉において、場所を特定するのに不便ではなかったかとも思われるが、のちに述べるように、かわりに頻繁に見えるのが「谷」の名前であった。

## 3　山と都市鎌倉の生活

個別の名が少なかったとしても、都市鎌倉において山の存在が大きかったことは確かである。都市生活のなかで山がどのような役割を果たしたか、同じく『吾妻鏡』を題材として探ってみたい。

第一に、山は交通の要所としての意味を持っていた。山の尾根を切って鎌倉の内と外と連絡を容易にした「切通《きりどお》し」は、必然的に人の往来が集中する場であり、商業地域として繁栄することになった。幕府が建長三年（一二五一）に定めた商業地域のなかに、「気和飛坂（化粧坂）の山上」が含まれていることが、このことを示している（同年十二月三日条）。

第二に、鎌倉の周囲の山は、都市生活者が手軽に自然の風流を楽しむことができる行楽の場であった。たとえば、源頼朝《みなもとのよりとも》は山へ雪見に出かけたり（文治三年〈一一八七〉十二月一日条）、紅葉狩り（元暦元年〈一一八四〉十月十五日条）に出かけたりしている。息子の頼家《よりいえ》もまた、大江広元《おおえのひろもと》の招きにより、広元邸裏山の風流な場所に納涼に赴いている（正治二年〈一一九九〉六月十六日条）。

風流の場であるという性格に関連して、山は有力御家人の別荘（山庄）の置かれる場ともなった。

図5　永福寺経塚の出土品（鎌倉市教育委員会蔵）

別荘は単に御家人たちが風流を楽しみ静養するための施設ではなく、将軍を接待する場ともなっていた。たとえば、二《に》階堂行政《かいどうゆきまさ》の「山庄」に永福寺一切経会《いっさいきょうえ》（一切経を供養する法会）に参詣した帰り道に頼家が立ち寄ったり（建仁三年〈一二〇三〉三月十五日条）、名越《なごえ》の北条義時《ほうじょうよしとき》の「山庄」に実朝《さねとも》が雪見のついでに出かけて和歌会が催されたり（元久三年〈一二〇六〉二月四日条）している。さらには、北条氏の山内《やまのうち》の山庄のように政治の場として利用されたことも周知のことであろう。

第三に、山は陰陽道における方角を見るための展望台としての役割も果たしていた。将軍が方違《かたたが》えをする際に、方角による吉凶の判断を下すため、陰陽師が「武蔵大路の山の峰」に登ったり（嘉禎二年〈一二三六〉三月十四日条）、「窟堂《いわやどう》の後の山の上」に登ったり（建長四年〈一二五二〉五月五日条）して、正確な方角を調べているのである。

第四に、信仰の場としての機能を指摘できる。「南方高山祭」という陰陽道の祭祀が「名越山の上」で行われているのは、その一例である（文暦二年〈一二三五〉六月二十八日条）。将軍九条頼経《くじょうよりつね》が法華経を「永福寺奥山」に納めた事例も注目される（寛元三年〈一二四五〉十月十二日条）。これは、一種の経塚《きょうづか》ではないかと思われるのであるが、実際に永福寺伽藍《がらん》跡の向かいの山からは経塚のあとが検出されており（図5）、十二世紀末〜十三世紀初頭のものとみられている（福田二〇〇四、鎌倉歴史文化交流館二〇一七）。すなわち、鎌倉時代のごく早い段階から山において宗教的な行為が行われていたことがわかるのである。

さらに、山は有力御家人の墓所となることもあった。北条経時《つねとき》は「佐佐目山麓」に（寛元四年閏四月二日条）、伊賀朝光《いがともみつ》は「山城前司行政家後山」に（建保三年〈一二一五〉九月十五日条）、それぞれ葬られている。そして、源頼朝の墓所（法華堂）が山麓にあるということが、何よりも山の墓所としての性格を象徴していよう。ほかにも、厳密には山と谷の境界地点（谷の最奥部）ということになるが、「やぐら」という岩窟式の墓所が設けられ、僧侶や武士が葬られたことも同様の事例といえる。

山は鎌倉の都市生活に多様な機能を提供していたが、反面、生活空間に近すぎるために山の引き起こす自然災害が人々に被害をもたらすこともあった。大雨による山崩れ・土石流などのために死者が出たことが見えている（文応元年〈一二六〇〉六月一日条、文永二年〈一二六五〉六月十日条）。こうした負の側面も含めて、山は都市鎌倉の住人にとってかなり身近な存在であった。

## 4　鎌倉の谷

実は、中世都市鎌倉に暮らす人々にとっては、山よりも、山と海に挟まれて存在するごく限られた低地部分こそが、生活の舞台としてさらに身近なものであった。具体的には、海岸から一歩内側に広がる「浜」や、山に囲まれて入り組んだ傾斜地を形成する「谷」がそれにあたり、とりわけ「谷」は、鎌倉における一種の地域単位として重要な意味を持ったのである。

鎌倉時代成立の後深草院二条《ごふかくさいんにじょう》著『問《と》はず語《がた》り』に見える、「階《きざはし》などのやうに重々に、袋の中に物を入れたるやうに住まひたる」という著名な叙述は、谷に密集して暮らす鎌倉びとの生活のイメージをよく表現している。

鎌倉では、谷を「ヤツ」もしくは「ヤト」と呼んでいる。この読みは中世以来のものであり、鎌倉時代の辞書『名語記《みょうごき》』に、「鎌倉に、いりいりをやつとなづく。さて、谷の字をやつとよめる心。如何」と見えている。ちなみに、「いり」とは、奥に引っ込んだところをいう。

また、同じ鎌倉時代の阿仏尼《あぶつに》の手になる紀行文『十六夜《いざよい》日記』にも次のように記される。

郭公《（ほととぎす）》のはつね《（初音）》ほのかにもおもひ絶えたり。人づてにきけば、「ひきのやつ《（比企の谷）》といふ所に、あまた声鳴きけるを、人聞きたり」などいふをきゝて、「しのびねは　ひきのやつなる　ほとゝぎす

雲ゐに高く　いつかなのらむ」

「やつ」という読みが鎌倉時代まで遡ることがわかる。

多数の谷が重要な要素であった都市鎌倉全体を、「谷七郷《やつしちごう》」ということばで表すこともあった。よく知られているのは、江戸時代の歌舞伎のセリフであろう。たとえば、『与《よ》話情《はなさけ》浮名《うきな》横櫛《のよこぐし》』（通称『切られ与三』）の、源氏店での与三郎の次のセリフは代表的なものである。

江戸の親には勘当受け、拠所なく鎌倉の、谷七郷は食い詰めても……

もう一つあげると、『青砥《あおと》稿《ぞうし》花紅彩画《はなのにしきえ》』（通称『白浪五人男《しらなみごにんおとこ》』）の、稲瀬川《いなせがわ》で盗賊五人が勢揃いする場面でも、谷七郷が登場する。すなわち、赤星十三郎のセリフ中の、

柳の都、谷七郷、花水橋の切取りから、今牛若と名も高く……

がそれである。ちなみに、「柳の都」とは、幕府のことを「柳営」と称することによるもので、「武家の都」を粋に表現したものである。

このように、鎌倉を「谷七郷」と呼ぶことが江戸時代には広く行われていたのであるが、さらに中世にまで、その使用例は遡ることができる。

たとえば、室町時代末期に成立した御伽草子《おとぎぞうし》『唐糸《からいと》さうし《（草子）》』のなかに、主人公唐糸の娘・万寿が源頼朝の前で今様を歌う場面があるが、その詞に、

鎌倉は谷七郷と承る、春はまず咲く梅が谷、扇の谷にすむ人の、心は涼しかるらん、秋は露おく

佐々目が谷、泉ふるかや雪の下、万年かはらぬ亀がへの谷……

という、大変印象的な一節がある。鎌倉が「谷の都市」であることを、具体的な谷の名前を四季の風流に掛けて巧みに表現しているのである。同じく御伽草子『浜出《はまいで》草紙』にも、類似の表現を見出すことができる。

また、室町末期成立の幸若舞《こうわかまい》『富樫《とがし》』にも、

たまをみがく鎌倉に、しやぢく《（車軸）》の雨をふらし、やつ七《（谷七郷）》がふをあらひながし

というくだりがある。したがって、遅くとも室町時代末期には、鎌倉を「谷七郷」と称することが始まっていたことが確かめられる。

ところで、七つの郷とは、どの郷を指しているのであろうか。『群書類従』に収められる『鶴岡八幡宮寺社務職次第』という史料の末尾に、

一　鎌倉郡谷七郷事。小坂郷〈小坪〉　小林郷〈下若宮辺佐介等〉　葉山郷　津村郷　村岡郷　長尾郷　矢部郷　〈已上。但追可尋也。〉

との記述があり、葉山《はやま》（現三浦郡葉山町）や村岡（現藤沢市）などの鎌倉郊外を含めた「鎌倉郡」内の七つの郷が想定されている。しかし、この部分は江戸時代になって追記された疑いがあり、狭義の鎌倉（中世には「鎌倉中」と呼ばれた）を「谷七郷」と称していることとは齟齬が生じる。むしろ、七つという縁起の良い数にあやかって、谷が入り組んで構成される都市鎌倉を、漠然と「谷七郷」と

表現したのではなかろうか。

江戸時代の『玉舟和尚鎌倉記《ぎょくしゅうおしょうかまくらき》』の冒頭には、「七谷」として「梅ガ谷・ササメガ谷・扇ノ谷・雪ノ下ガ谷・亀ガイノ谷・ベネ（弁）ノ谷・花ノ谷」があげられており、これも「谷七郷」に類似するものであろう。同記では、続いて「七水」「七口切通」をあげており、鎌倉に特徴的な風土を、「七」という縁起の良い数に合わせて揃えてみた、ということが明らかである。

ところで、鎌倉の谷は大小あわせて二〇〇近く存在するといわれている。先に述べたように鎌倉時代の文献史料には、鎌倉の山の名前はほとんど出てこない。それに対して、谷の名前は非常に多く見られ、『吾妻鏡』にも多数の事例がある。同じく『吾妻鏡』において山にちなむ地名として多く登場するのは、「山内《やまのうち》」であるが、これももともとは「山の内側」すなわち谷のような場所に由来する地名であろう（表1）。

右のことより、鎌倉時代から、谷の名称が固有名詞として広く定着していたことがわかる。現在まで伝わっている谷の名前を、鎌倉中心部を対象に、『吾妻鏡』や近世の古絵図「扇ケ谷《おうぎがやつ》村絵図」（鎌倉国宝館蔵）をはじめとするさまざまな史料や研究文献から抽出してみたところ、表2のように九四の谷地名を検出することができた（三浦一九八三〜九五、同編二〇〇五、鎌倉市近代史資料室他編二〇〇八、大塚二〇一四、高橋編二〇一七）。

しかし、極楽寺・腰越《こしごえ》・津周辺をはじめとする郊外地区については収集が十分ではなく、表2記載

## 表1　『吾妻鏡』に見える谷と山内関連の記事

| 地　　名 | 年　月　日 | 記　　事 |
|---|---|---|
| 泉谷 | 建長4・5・26 | 右兵衛督泉谷亭 |
| 泉谷 | 建長4・7・8 | 右兵衛督教定朝臣泉谷亭 |
| 泉谷 | 建長4・9・25 | 右武衛泉谷亭 |
| 泉谷 | 文永2・5・3 | 泉谷新造堂 |
| 犬懸谷 | 寛元3・3・16 | 日光別当犬懸谷坊 |
| 葛西谷 | 承久3・5・19 | 葛西谷山里殿辺 |
| 葛西谷 | 建長3・2・20 | 葛西谷口河俣 |
| 亀谷 | 治承4・10・7 | 左典厩之亀谷旧跡 |
| 亀谷 | 治承5・3・1 | 土屋次郎義清亀谷堂 |
| 亀谷 | 正治元・5・7 | 掃部頭亀谷家 |
| 亀谷 | 正治元・6・30 | 親能亀谷堂 |
| 亀谷 | 正治2・閏2・12 | 土屋次郎義清亀谷之地 |
| 亀谷 | 正治2・閏2・13 | 亀谷地（寿福寺） |
| 亀谷 | 建仁2・元・29 | 掃部入道亀谷宅 |
| 亀谷 | 建仁2・2・29 | 栄西律師亀谷寺 |
| 亀谷 | 建仁2・4・13 | 掃部頭親能入道亀谷家 |
| 亀谷 | 建仁2・8・24 | 亀谷辺騒動 |
| 亀谷 | 建仁2・12・19 | |
| 亀谷 | 建暦3・5・3 | |
| 亀谷 | 建暦3・6・8 | 故親能入道亀谷堂 |
| 亀谷 | 嘉禄3・2・21 | 亀谷辺焼亡 |
| 亀谷 | 仁治2・10・22 | 亀谷辺俄騒動 |
| 亀谷 | 仁治4・元・9 | 足利大夫判官亀谷亭向類人家等焼亡 |
| 亀谷 | 寛元3・3・19 | 亀谷山王 |
| 亀谷 | 建長3・11・13 | 亀谷新造御第（頼嗣母） |
| 亀谷 | 建長3・12・3 | 亀谷辻（小町屋免許） |
| 亀谷 | 建長4・3・21 | （頼嗣）御母儀亀谷亭 |
| 亀谷 | 建長4・5・5 | |
| 亀谷 | 建長4・7・9 | |
| 亀谷 | 文応元・4・29 | 亀谷人屋 |
| 亀谷石切谷 | 弘長元・6・22 | |

| | | |
|---|---|---|
| 亀谷泉谷 | 建長4・5・19 | 右兵衛督教定朝臣亭 |
| 亀谷并泉谷 | 文永2・6・10 | 所々山崩 |
| 経師谷 | 元久2・6・23 | 経師谷口 |
| 経師谷 | 建長5・12・22 | 経師谷口失火 |
| 佐々目谷 | 宝治元・5・14 | 故武州禅室経時墳墓 |
| 佐々目谷 | 宝治2・3・29 | 佐々目谷堂 |
| 佐々目谷 | 建長3・2・10 | 甘縄辺焼亡 |
| 佐々目谷 | 正嘉2・3・23 | 塔婆（経時十三回忌） |
| 佐々目谷 | 文永3・元・25 | 焼亡 |
| 鶴岡西谷 | 養和元・10・6 | |
| 比企谷 | 寿永元・7・12 | 渡御比企谷殿 |
| 比企谷 | 承元3・5・15 | 女房駿河局比企谷家 |
| 比企谷 | 建長2・12・11 | |
| 比企谷 | 正嘉元・8・18 | 比企谷山 |
| 比企谷 | 文応元・10・15 | 比企判官女讃岐局霊祟 |
| 比企谷 | 文永3・4・21 | 比企谷山之麓（飛礫） |
| 薬師堂谷 | 貞応2・7・9 | |
| 薬師堂谷 | 建長3・10・7 | 焼亡 |
| 薬師堂谷 | 正嘉元・8・18 | 壱岐前司泰綱薬師堂谷山庄 |
| 薬師堂谷 | 正嘉元・9・30 | 壱岐前司泰綱薬師堂谷山庄 |
| 薬師堂谷 | 文永3・7・4 | （中務権大輔教時）薬師堂谷亭 |
| 雪下北谷 | 建保7・元・27 | 備中阿闍梨之雪下北谷宅 |
| 雪下北谷 | 弘長元・9・3 | （弁法印審範）雪下北谷宿坊 |
| | | |
| 山内 | 治承4・10・9 | 知家事兼道山内宅 |
| 山内 | 治承4・10・23 | 山内庄 |
| 山内 | 治承4・12・22 | 山内辺 |
| 山内 | 養和元・12・11 | 山内辺 |
| 山内 | 文治4・6・4 | 山内庄 |
| 山内 | 建久3・3・20 | 百ヶ日温室 |
| 山内 | 建仁2・12・19 | 鷹場 |
| 山内 | 建暦3・5・2 | |
| 山内 | 建暦3・5・7 | 山内庄 |

| | | |
|---|---|---|
| 山内 | 建保4・5・24 | 将軍家令歴覧山内辺 |
| 山内 | 元仁元・12・16 | 四角四境鬼気祭 |
| 山内 | 寛喜4・元・23 | |
| 山内 | 嘉禎3・12・13 | 墳墓 |
| 山内 | 暦仁元・12・12 | |
| 山内 | 仁治元・10・10 | 山内道路 |
| 山内 | 仁治元・10・19 | 山内道路 |
| 山内 | 仁治2・12・30 | （泰時）山内巨福礼別居 |
| 山内 | 寛元元・6・15 | 山内粟船御堂（泰時仏事） |
| 山内 | 建長2・4・16 | 山内証菩提寺 |
| 山内 | 建長2・6・3 | 山内并六浦等道路 |
| 山内 | 建長5・11・29 | 建立一堂（泰時追善） |
| 山内 | 建長6・6・15 | （時頼）山内御亭 |
| 山内 | 建長8・7・17 | 山内最明寺 |
| 山内 | 建長8・7・18 | |
| 山内 | 正嘉元・6・23 | （時宗）山内泉亭 |
| 山内 | 正嘉2・6・11 | 山内最明寺御亭 |
| 山内 | 正嘉2・6・12 | 遠笠懸 |
| 山内 | 正嘉2・6・14 | |
| 山内 | 正嘉2・8・16 | 伊具四郎入道帰山内宅 |
| 山内 | 正元2・2・5 | （時頼）山内亭 |
| 山内 | 弘長元・7・11 | （時頼）山内殿 |
| 山内 | 弘長元・7・13 | |
| 山内 | 弘長元・9・19 | （時頼）山内亭 |
| 山内 | 弘長元・10・5 | |
| 山内 | 弘長3・11・13 | （時頼）山内亭 |
| 山内 | 文永2・7・4 | 山内御山庄 |
| 山内 | 文永2・7・23 | 山内御亭 |
| 山内 | 文永2・7・24 | |
| 山内 | 文永2・10・25 | 最明寺禅室第三年御仏事 |
| 山内 | 文永3・6・23 | 山内殿 |

のもの以外にもまだまだ谷の名称は存在していることは確かである。加えて、現在では名称が伝わっていない谷もある。それらを差し引いても、谷の名がかなり詳細に設定されていたと考えられ、谷は中世以降の鎌倉の地名の基礎を形成してきたといえよう。

## 5　谷戸それぞれの歴史

鎌倉では、大小さまざまな谷が都市内の空間単位となり、谷ごとに特徴ある空間が生まれた。居住者と谷の関係は、名称に端的に表れており、そこに住んだ武士の名字にちなむ谷の名前が多く存在する。「比企谷《ひきがやつ》」「葛西谷《かさいがやつ》」「尾藤谷《びとうがやつ》」「小笠原谷」「千葉谷」などは、その実例である。逆に、谷の名前が名字となった武士もある。扇谷《おうぎがやつ》上杉氏、犬懸《いぬかけ》上杉氏などがそれにあたる。

武士だけではなく、寺院の名称にも谷が深く関わっている。谷の名前が山号となっている寺院として、泉谷山浄光明寺《せんこくさんじょうこうみょうじ》、亀谷山《きこくさん》寿福寺、扇谷山《せんこくさん》海蔵寺、梅谷山《ばいこくさん》向陽庵（廃寺）などがあげられる。かつて佐助・松谷にあった松谷寺《しょうこくじ》（現在は廃寺）は、まさに谷地名がそのまま寺名となっている（貫他一九八〇、松葉二〇一七）。

鎌倉の谷では、それぞれに武士の拠点や寺社が占有するようなかたちで置かれ、谷ごとに独自の性格を形成していたと思われる。以下では、「藤谷《ふじがやつ》」と「花谷《はながやつ》」という谷を取り上げて、その空間の特

| 扇ガ谷村絵図 | 地名由来辞典＊3 | 三浦：地名考＊4 | 谷戸の記録＊5 | 吾妻鏡 | 大塚＊6 |
|---|---|---|---|---|---|
| | ○ | ○ 2 | ○ 17 | | |
| | | | | | ○ |
| | | | | ○ | |
| ○ | ○ | ○ 10 | ○ 34 | ○ | |
| | | | ○ 1 | | |
| | ○ | ○ 6 | ○ 22 | ○ | |
| | | | ○ 56 | | |
| | ○ | ○ 22 | ○ 14 | | |
| | ○ | | ○ 55 | | |
| ○ | ○ | ○ 13 | ○ 40 | | |
| | ○ | | | | |
| | ○ | | ○ 39 | | |
| | | | | | ○ |
| | ○ | | | | |
| | | | | | |
| | ○ | ○ 7 | ○ 24 | | |
| | | | ○ 48 | | |
| | ○ | | ○ 11 | | |
| | | | | | ○ |
| | ○ | | ○ 13 | | |
| | | | | | |
| | ○ | ○ 4 | ○ 25 | ○ | |
| | | | ○ 3 | | |
| | ○ | ○ 1 | | ○ | |
| | | | | ○ | |
| | ○ | | | | |
| | | | ○ 26 | | |
| | ○ | ○ 5 | | ○ | |
| | ○ | | | | |
| | ○ | | | | |
| | ○ | | ○ 4 | | |
| | ○ | | ○ 50 | | |
| ○ | ○ | ○ 12 | ○ 42 | | |

## 表2　鎌倉の谷

| 番号 | 名　　称 | 読　　み | 現　町　名 | 谷戸めぐり見出＊1 | 谷戸めぐり本文地図＊2 |
|---|---|---|---|---|---|
| 1 | 明石谷 | あかしがやつ | 十二所 | | |
| 2 | 石井谷 | いしいがやつ | 二階堂 | | |
| 3 | 石切谷 | いしきりがやつ | 扇ガ谷 | | |
| 4 | 泉谷 | いずみがやつ | 扇ガ谷 | ○ | |
| 5 | 和泉谷 | いずみがやつ | 十二所 | | |
| 6 | 犬懸谷 | いぬかけがやつ | 浄明寺 | ○ | |
| 7 | 今谷 | いまがやつ | 極楽寺 | | |
| 8 | 鶯谷 | うぐいすがやつ | 雪ノ下 | | |
| 9 | 姥谷 | うばがやつ | 極楽寺 | | |
| 10 | 梅谷 | うめがやつ | 扇ガ谷 | | ○ |
| 11 | 瓜谷 | うりがやつ | 山ノ内 | ○ | |
| 12 | 会下谷 | えげがやつ | 扇ガ谷 | | ○ |
| 13 | 円宗谷 | えんしゅうがやつ | 二階堂 | | |
| 14 | 扇谷 | おうぎがやつ | 扇ガ谷 | ○ | |
| 15 | 大蔵谷 | おおくらがやつ | 二階堂 | | ○ |
| 16 | 大御堂谷 | おおみどうがやつ | 浄明寺 | | ○ |
| 17 | 大谷戸 | おおやと | 長谷 | | ○ |
| 18 | 小笠原谷 | おがさわらがやつ | 西御門 | ○ | |
| 19 | 荻谷 | おぎがやつ | 二階堂 | | |
| 20 | 御谷 | おやつ | 雪ノ下 | | |
| 21 | 隠里谷 | かくれざとがやつ | 佐助 | | ○ |
| 22 | 葛西谷 | かさいがやつ | 小町 | ○ | |
| 23 | 梶原谷 | かじわらやと | 十二所 | | |
| 24 | 亀谷 | かめがやつ | 扇ガ谷 | | ○ |
| 25 | 北谷 | きたがやつ | 雪ノ下 | | |
| 26 | 衣掛谷（犬懸谷に同じ） | きぬかけがやつ | 浄明寺 | | |
| 27 | 経谷 | きょうがやつ | 大町 | | |
| 28 | 経師谷 | きょうじがやつ | 材木座 | | ○ |
| 29 | 桐谷（霧谷） | きりがやつ | 材木座 | | ○ |
| 30 | 熊野谷 | くまのがやつ | 二階堂 | | |
| 31 | 胡桃谷 | くるみがやつ | 浄明寺 | | ○ |
| 32 | 桑谷 | くわがやつ | 長谷 | | ○ |
| 33 | 御前谷 | ごぜんがやつ | 扇ガ谷 | | ○ |

| 扇ガ谷村絵図 | 地名由来辞典＊3 | 三浦：地名考＊4 | 谷戸の記録＊5 | 吾妻鏡 | 大塚＊6 |
|---|---|---|---|---|---|
| | ○ | | ○ 2 | | |
| | | | ○ 49 | | |
| | ○ | | ○ 46 | ○ | |
| ○ | ○ | ○ 15 | ○ 45 | | |
| ○ | ○ | ○ 12 | ○ 41 | | |
| | | | ○ 28 | | |
| | ○ | | | | |
| | ○ | | ○ 7 | | |
| | ○ | | | | |
| | ○ | ○ 7 | ○ 23 | | |
| | | | | | |
| | ○ | | ○ 18 | | |
| | | | ○ 20 | | |
| ○ | | | ○ 36 | | |
| | ○ | | ○ 54 | | |
| | | | | | |
| | ○ | ○ 9 | ○ 8 | | |
| | ○ | | | | |
| ○ | | | | | |
| ○ | ○ | ○ 14 | ○ 38 | | |
| | | | ○ 19 | | |
| | ○ | | | | |
| | ○ | | | | |
| | ○ | ○ 18 | ○ 21 | | |
| | ○ | | | | |
| | ○ | | ○ 16 | | |
| ○ | | | | | |
| ○ | ○ | ○ 11 | ○ 43 | | |
| | ○ | | | | |
| | ○ | | ○ 47 | | |
| | ○ | | ○ 53 | | |
| ○ | | | | | |
| | | | ○ 30 | | |
| | | | ○ 15 | | |

| 番号 | 名　　称 | 読　　み | 現　町　名 | 谷戸めぐり見出＊1 | 谷戸めぐり本文地図＊2 |
|---|---|---|---|---|---|
| 34 | 牛蒡谷（御坊谷） | ごぼうがやつ | 十二所 | | |
| 35 | 小谷戸 | こやと | 長谷 | | ○ |
| 36 | 笹目谷（佐々目谷） | ささめがやつ | 笹目町 | ○ | |
| 37 | 佐助谷 | さすけがやつ | 佐助 | ○ | |
| 38 | 山王谷（山王堂谷） | さんのうがやつ | 扇ガ谷 | | ○ |
| 39 | 山王谷 | さんのうがやつ | 大町 | | |
| 40 | 地獄谷 | じごくだに | 山ノ内 | | ○ |
| 41 | 獅子舞谷 | ししまいがやつ | 二階堂 | | ○ |
| 42 | 七観音谷 | しちかんのんがやつ | 笹目町 | | |
| 43 | 釈迦堂谷 | しゃかどうがやつ | 浄明寺 | | ○ |
| 44 | 蛇居谷 | じゃくがい | 扇ガ谷 | | ○ |
| 45 | 積善谷 | しゃくぜんがやつ | 十二所 | | |
| 46 | 十二郷谷 | じゅうにごうがやつ | 浄明寺 | | |
| 47 | 勝縁寺谷（荘遠寺谷） | しょうえんじがやつ | 扇ガ谷 | | ○ |
| 48 | 正（聖）福寺谷 | しょうふくじがやつ | 稲村ケ崎 | | ○ |
| 49 | 新宮谷 | しんぐうがやつ | 極楽寺 | | ○ |
| 50 | 杉谷 | すぎがやつ | 二階堂 | | |
| 51 | 住吉谷 | すみよしがやつ | 逗子市小坪 | | |
| 52 | 清水寺谷 | せいすいじがやつ | 扇ガ谷 | | ○ |
| 53 | 清涼寺谷（西龍谷） | せいりょうじがやつ | 扇ガ谷 | | ○ |
| 54 | 泉水谷 | せんすいがやつ | 浄明寺 | | |
| 55 | 洗馬谷 | せんばがやつ | 関谷 | | |
| 56 | 大仏谷 | だいぶつがやつ | 長谷 | ○ | |
| 57 | 宅間谷 | たくまがやつ | 浄明寺 | ○ | |
| 58 | 竹谷 | たけがやつ | 津 | | |
| 59 | 鑪谷 | たたらがやつ | 十二所 | | |
| 60 | 多宝寺谷 | たほうじがやつ | 扇ガ谷 | | ○ |
| 61 | 知岩寺谷（智岸寺谷） | ちがんじがやつ | 扇ガ谷 | | ○ |
| 62 | 千葉谷 | ちばがやつ | 御成町 | | |
| 63 | 長楽寺谷 | ちょうらくじがやつ | 長谷 | | ○ |
| 64 | 月影谷 | つきかげがやつ | 極楽寺 | | ○ |
| 65 | 綱広谷 | つなひろがやつ | 扇ガ谷 | | ○ |
| 66 | 名越大谷 | なごえおおやと | 大町 | | |
| 67 | 七曲谷 | ななまがりがやつ | 十二所 | | |

| 扇ガ谷村絵図 | 地名由来辞典＊3 | 三浦：地名考＊4 | 谷戸の記録＊5 | 吾妻鏡 | 大塚＊6 |
|---|---|---|---|---|---|
| | ○ | | | | |
| | | | ○ 9 | | |
| | | | ○ 52 | | |
| | ○ | | | ○ | |
| | | | | | |
| | ○ | | | | |
| | | ○ 8 | ○ 31 | | |
| | ○ | | ○ 51 | | |
| | ○ | ○ 3 | ○ 27 | ○ | |
| | ○ | | | | |
| ○ | ○ | ○ 11 | ○ 35 | | |
| | | | ○ 57 | | |
| | ○ | | ○ 12（西御門）・29（大町） | | |
| | ○ | | ○ 33 | | |
| | ○ | | | | |
| ○ | ○ | | | | |
| ○ | ○ | | ○ 37 | | |
| ○ | | | | | |
| ○ | ○ | | | | |
| | ○ | | ○ 32 | | |
| | ○ | | ○ 44 | | |
| | ○ | | | | |
| | ○ | | ○ 6 | | |
| | ○ | | ○ 10 | ○ | |
| | | | | | |
| | | | | | |
| | ○ | | ○ 5 | | |

示す。

図書館 2008 年，＊6…大塚 2014 年。＊4 の欄の数字は連載の番号，＊5 の欄の数

| 番号 | 名　称 | 読　み | 現町名 | 谷戸めぐり見出＊1 | 谷戸めぐり本文地図＊2 |
|---|---|---|---|---|---|
| 68 | 二階堂谷 | にかいどうがやつ | 二階堂 | | |
| 69 | 西谷（二階堂） | にしがやつ | 二階堂 | | ○ |
| 70 | 西谷（極楽寺） | にしがやつ | 極楽寺 | | ○ |
| 71 | 西谷 | にしがやつ | 二階堂・雪ノ下・極楽寺・手広 | | |
| 72 | 日光谷 | にっこうがやつ | 浄明寺？ | | ○ |
| 73 | 猫池谷 | ねこいけがやつ | 津 | | |
| 74 | 花谷 | はながやつ | 大町 | | ○ |
| 75 | 馬場谷 | ばばがやつ | 極楽寺 | | ○ |
| 76 | 比企谷 | ひきがやつ | 大町 | ○ | |
| 77 | 尾藤谷 | びとうがやつ | 山ノ内 | | |
| 78 | 藤谷 | ふじがやつ | 扇ガ谷 | ○ | |
| 79 | 下手ヶ久保 | へたがくぼ | 極楽寺 | | |
| 80 | 蛇谷 | へびがやつ | 扇ガ谷・大町・西御門 | | |
| 81 | 弁谷 | べんがやつ | 材木座 | ○ | |
| 82 | 宝積寺谷 | ほうしゃくじがやつ | 山崎 | | |
| 83 | 法住寺谷 | ほうじゅうじがやつ | 扇ガ谷 | | ○ |
| 84 | 法泉寺谷（宝泉谷） | ほうせんじがやつ | 扇ガ谷 | | ○ |
| 85 | 法蓮寺谷 | ほうれんじがやつ | 佐助 | | ○ |
| 86 | 松谷（松枝谷） | まつがやつ | 佐助 | | ○ |
| 87 | 松葉谷 | まつばがやつ | 大町 | ○ | |
| 88 | 無量寺谷 | むりょうじがやつ | 扇ガ谷 | ○ | |
| 89 | 明月谷 | めいげつがやつ | 山ノ内 | | |
| 90 | 紅葉谷 | もみじがやつ | 二階堂 | ○ | |
| 91 | 薬師堂谷 | やくしどうがやつ | 二階堂 | ○ | |
| 92 | 雪ノ下谷 | ゆきのしたがやつ | 雪ノ下 | | ○ |
| 93 | 永福寺谷 | ようふくじがやつ | 二階堂 | ○ | |
| 94 | 理智光寺谷 | りちこうじがやつ | 二階堂 | | |

＊1〜6 はそれぞれ，参考文献欄の以下の文献の略称。○はその文献に記載があることを
＊1・2…高橋編 2017 年，＊3…三浦編 2005 年，＊4…三浦 1983〜95 年，＊5…鎌倉市中央
字は同書における項目番号。

色を具体的に探ってみたい。

最初に取り上げる藤谷は、扇谷のなかの支谷で、泉谷の北隣の谷である（図6）。南北朝時代の中巌円月《ちゅうがんえんげつ》という禅僧の自伝『仏種慧済禅師中巌月和尚自歴譜』によると、藤谷には有力武士大友《おおとも》氏の先祖の墓があり、大友氏泰《うじやす》の招きによって円月は藤谷の崇福庵（大友氏の墳墓堂）という寺院の住職になっている。同じころの文書（『大友文書』永徳三年〈一三八三〉大友親世《ちかよ》所領所職注文案）にも、大友氏の所有する不動産として、藤谷の土地が見えている〔三浦一九八九、大三輪二〇一一〕。

鎌倉時代の文書（『金沢文庫文書』年未詳十一月十一日崇顕〈金沢貞顕《かなざわさだあき》〉書状）によっても、浄光明寺の近くに大友貞宗《さだむね》の屋敷があったことがわかる上に、もともとこの地は中原親能《なかはらちかよし》の屋地であり、親能の猶子《ゆうし》である大友能直《よしなお》によって相続されたと考えられている。〔大三輪二〇一一、同二〇一七〕。よって、藤谷は大友氏が拠点とした谷とみられる。

鎌倉時代末期に同じ藤谷に居住した著名人に、冷泉為相《れいぜいためすけ》がいる。為相は藤原定家の孫で、和歌の名人であった。本来は京都在住の公家であったが、しばしば鎌倉に下向して長期滞在したことが知られる。その滞在場所にちなんで「藤谷中納言」と呼ばれ、彼の和歌集は『藤谷和歌集』と呼ばれている。また、為相の墓と伝えられるものが、藤谷と泉谷の境の山上にある〔三浦一九八七、大三輪二〇一七〕。

直接の証拠はないのであるが、冷泉為相を藤谷に招いたのは大友氏ではないかと考えられる。大友氏は代々京都にも宿所を持ち、為相と同時代の大友頼泰《よりやす》は六波羅《ろくはら》評定衆《ひょうじょうしゅう》として京都で勤務していた

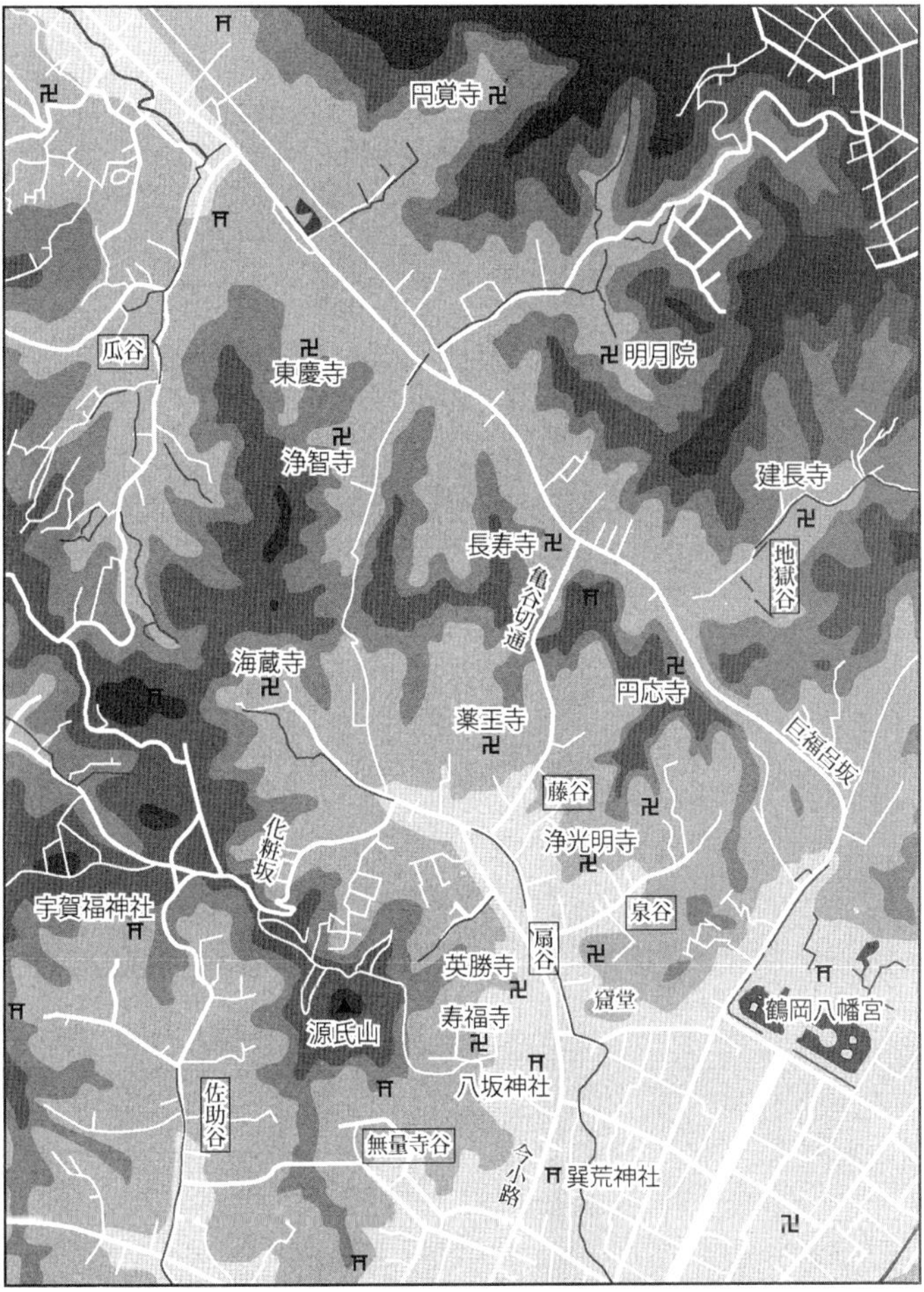


**図6　藤谷の位置図**（高橋編 2017 より）

こともある。定家の日記『明月記《めいげつき》』にも、大友氏に関する記述が見られる。したがって、為相と頼泰は京都で知り合いになっていた可能性がある。

また為相は、時宗の僧侶の他阿真教《たあしんきょう》とも和歌を通じて親しく交流していた。真教は、豊後の大友頼泰の屋敷で一遍《いっぺん》に会って弟子入りしており、真教は大友氏の関係者とも推測される。以上より大友氏を媒介とする人的交流が存在したと思われ、その結果、「大友氏の空間」である藤谷に為相が滞在することになったのではなかろうか。

次に、花谷という谷に視点を移してみよう。花谷は、名越の妙法寺の北・大宝寺《だいほうじ》の東の谷である（図7）。鎌倉時代の文書に、「鎌倉花谷左衛門大夫入道殿一門」（乾元二年〈一三〇三〉六月二十日道済《どうせい》処分状『潮崎八百主文書』）という記述があり、鎌倉時代から存在する谷の名前であることがわかる。「左衛門大夫入道殿」という人物が誰であるかは定かではないが、その官途からはあるいは長井氏かとも思われる。有力な御家人の屋敷があったことは、確かであろう。

また、花谷には慈恩寺《じおんじ》という禅宗寺院が存在したことが知られている（『貫他』一九八〇、三浦一九八六）。開山は、幕府とも関係が深かった南山士雲《なんざんしうん》の弟子で、桂堂士聞《けいどうしぶん》という僧であった（『鹿山略志』）。白華山と号したが、これは「花」谷にちなむものである可能性がある。あるいは、「百花」の意味を含むものかもしれない。

なお、「慈恩寺」は足利直冬《あしかがただふゆ》の法号であることから『鹿山略志』は直冬の開基とするが、成人以後

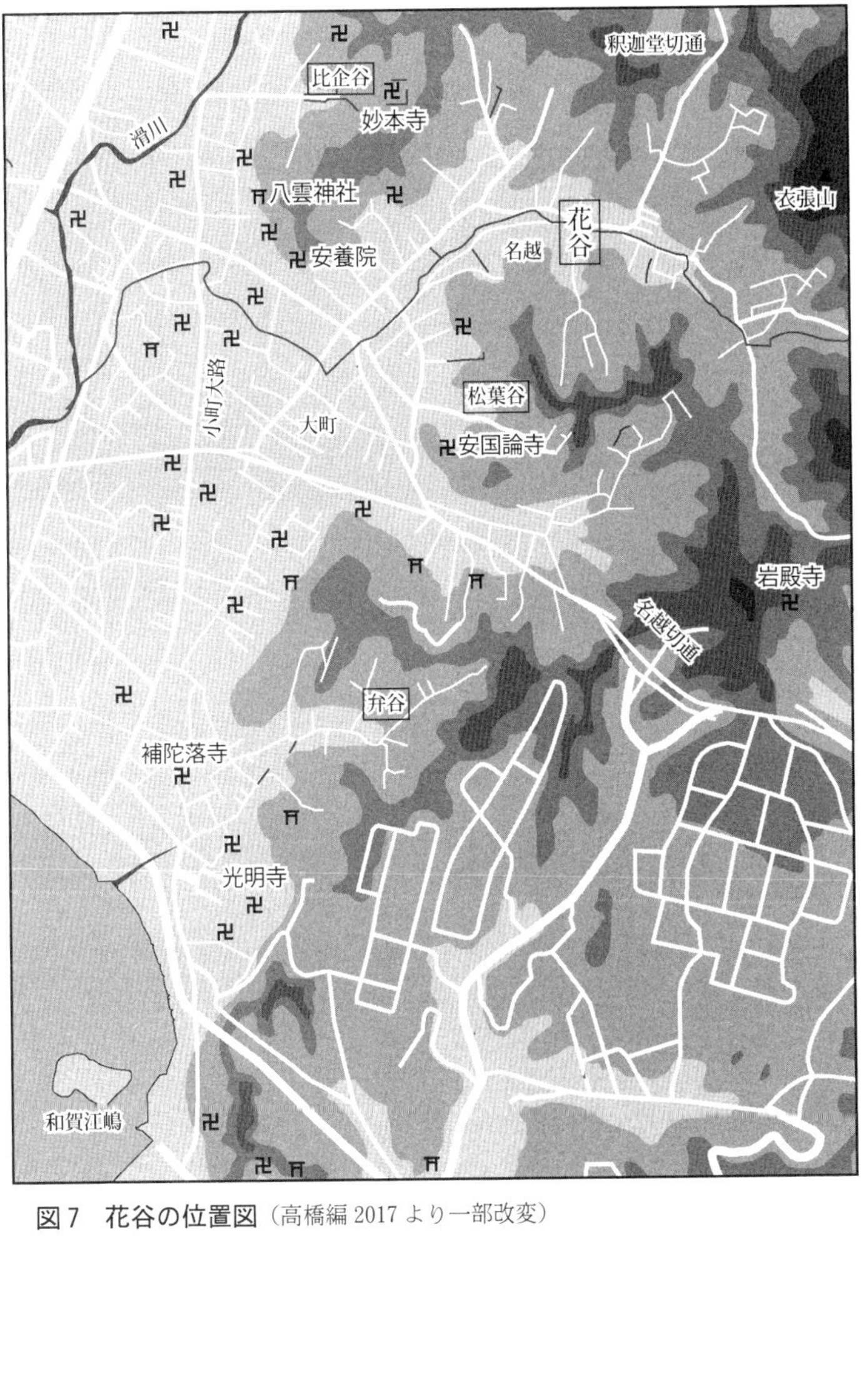


**図7　花谷の位置図**（高橋編 2017 より一部改変）

図8　花咲地蔵尊

の直冬は鎌倉に入ったことはなく、直冬誕生以前の元亨三年（一三二三）の『北条貞時十三年忌供養記』に慈恩寺の名がすでに見えることから、この説が成り立たないことは明らかである。

いっぽうで、中国・西安には玄奘三蔵《げんじょうさんぞう》ゆかりの「大慈恩寺」という寺院があり、花の名所として知られていた。日本の禅僧も好んだという唐代の詩人杜甫《とほ》も、この寺の塔に登り詩を作っている。おそらくは、もともと花の咲く場所であったこの谷に禅院を建立するにあたり、中国の大慈恩寺になぞらえて「慈恩寺」と命名したのではなかろうか。

このことに関連するのが、現在は円覚寺伝宗庵《でんしゅうあん》に伝わっている『慈恩寺詩板』である。この詩板は、応永二十五年（一四一八）に、一八人の禅僧が慈恩寺を詠んだ漢詩を板に刻んで掲げたものである。戦国時代に慈恩寺は廃絶したため、南山士雲を開山とする伝宗庵に引き取られたと思われる。詩板に刻まれた詩のなかには、「七層突兀《とつこつ》して、龍蛇の窟あり」、すなわち「七層の塔があって、岩窟（やぐら）があちこちにあった」との表現がある。実は、中国大慈恩寺にも大雁塔《だいがんとう》という七重塔があり、杜甫が同寺で作った詩のなかにも「龍蛇の窟」という表現があるのである。禅僧たちが、花谷慈恩寺と中国大慈恩寺のイメージを重ねていたことは間違いない。

現在は花谷には寺院は残されていないが、谷の入り口に「花咲地蔵尊」という石仏が安置されている（図8）。近世の地誌にはこの地蔵のことは見えないが、現地の案内板によれば、かつて慈恩寺の境内にあったものという。花谷に寺院があったということを、途切れながらも伝えているものといえよう。このように花谷は、禅宗寺院の存在が色濃く反映された谷であった。

これまで見てきたように、鎌倉の山や谷は、単なる自然環境であるにとどまらず、都市鎌倉の重要な要素でもあった。御家人や僧侶をはじめとする鎌倉の住人は、山・谷を生活の舞台として利用し、谷ごとに独特の歴史が重ねられていったのである。

【参考文献】

大塚紀弘　二〇一四年『大三輪龍彦研究基金研究報告　奥書から見た中世の鎌倉―中世鎌倉関係典籍奥書の集成と考察―』鎌倉考古学研究所
大三輪龍哉　二〇一一年「「浄光明寺敷地絵図」に見る屋地」『鎌倉遺文研究』二七号
大三輪龍哉　二〇一七年「泉谷・藤谷―絵図に読む谷戸の風景―」高橋慎一朗編『鎌倉の歴史―谷戸めぐりのススメ―』高志書院
鎌倉市中央図書館近代史資料室・CPCの会編　二〇〇八年『鎌倉　谷戸の記録』鎌倉市中央図書館
鎌倉歴史文化交流館　二〇一七年『甦る永福寺―史跡永福寺跡整備記念―』同館
高橋慎一朗編　二〇一七年『鎌倉の歴史―谷戸めぐりのススメ―』高志書院

貫達人・川副武胤　一九八〇年『鎌倉廃寺事典』有隣堂
福田　誠　二〇〇四年「鎌倉永福寺の発掘庭園と経塚」小野正敏他編『考古学と中世史研究1　中世の系譜　東と西、北と南の世界』高志書院
松葉　崇　二〇一七年「佐助谷―発掘された屋地と寺―」高橋慎一朗編『鎌倉の歴史―谷戸めぐりのススメ―』高志書院
三浦勝男　一九八三～九五年「鎌倉の地名考」（一）～（一五）（一八）（二二）『鎌倉』四四～四六、四八～五九、六四、七九号
三浦勝男　一九八六年「鎌倉の地名考（八）―花ヶ谷について―」『鎌倉』五二号
三浦勝男　一九八七年「鎌倉の地名考（一一）―藤谷・智岸寺谷―」『鎌倉』五五号
三浦勝男　一九八九年「中岩円月と藤ヶ谷」『鎌倉』六〇・六一号
三浦勝男編　二〇〇五年『鎌倉の地名由来辞典』東京堂出版

# 二　鎌倉と災害

## 1　都市の災害

そもそも、「災害」とは何であろうか？　その定義については、「人や社会が一定の地域内で突発的、あるいは恒常的に受ける集団的な被害を指し、被害を与える源となるものは人工的に造り出されたものである場合もあれば、自然現象に起因する場合もあるといえるだろう」〔北原二〇〇六〕、「自然や人間の営為が日常の範囲を超えると災害原因が発生するが、それが人間に害をもたらして初めて災害として認められる」〔古泉二〇〇一a〕、などのように述べられている。

極端にいえば、無人の荒野で川が氾濫したとしても、一般的にはそれを「災害」とは呼ばない、ということである。非日常的な現象が人間に害を与えることが「災害」とするならば、人間が大量に集住する「都市」は、必然的に災害発生の危険性が高い空間ということになる。そのような都市における災害について、どのような人為的要素がからむか、またどのような対処がなされたかということを、主として文献史学の立場から中世鎌倉を対象として分析することが本章の目的である。

ここで、災害史に関する先行研究を、中世の文献史を中心に概観してみよう。まずは、文献史学の立場から自然災害史研究の意義を指摘し、永仁元年（一二九三）関東大地震と平禅門《へいぜんもん》の乱（平 頼綱《たいらのよりつな》が北条貞時《さだとき》に討伐される幕府の内乱）の密接な関係などを明らかにした重要な研究として、峰岸純夫氏の研究があげられる〔峰岸二〇〇一〕。笹本正治氏も、独立した歴史学の分野としての災害史を提唱し、事件史ではなく社会全体を解明する手段として位置づけている〔笹本二〇〇三〕。文献史料に見える災害記事のデータベースとしては、藤木久志氏の労作が刊行されている〔藤木編二〇〇七〕。また、室町後期の明応地震を中心とする、矢田俊文氏の地震・津波に関する研究も注目される〔矢田二〇〇九、同二〇一〇〕。そのほか、二〇一一年の東日本大震災を契機として、保立道久氏や市村高男氏などにより、研究が一層深化している状況である〔保立二〇一二、市村二〇一五〕。

都市の災害にテーマを絞るならば、伊藤毅氏が、前近代の都市災害を研究する意義として、本質的な人間と災害の関係が抽出できること、災害を都市の形成過程のなかに客観的に位置づけることによって従来の都市史を書き直せることを指摘するとともに、近世京都の火災を中心に考察を行っている〔伊藤二〇〇三〕。いっぽう、水野章二氏は、「都市災害」の項目において京都における天災・人災を考察し、鎌倉の水害についても言及している〔水野二〇〇六〕。都市における災害とその再生という観点からは、平安時代から院政期にかけての平安京を対象とした北村優季氏の研究が、中世の災害研究にも多大な示唆を与えてくれる〔北村二〇一二〕。また、近年の京都歴史災害研究会の活動も注目される。

さらに、中世鎌倉の災害に限定してみると、三浦勝男氏による火災・地震を中心とした災害一般についての概説〔三浦一九八一〕、大三輪龍彦氏による地震・火災および発掘調査より判明する火災の痕跡についての指摘〔大三輪一九八九〕、河野眞知郎氏による地震の際の液状化現象によって発生した砂の噴出の痕跡についての考察〔河野一九八九〕などがあるが、とりわけ福島金治氏による火災・地震を中心とする災害の発生と記憶、復興についての研究〔福島二〇〇四〕は、鎌倉の災害についての基本的論文として重要である。さらに近年では、京都との比較から論じた高橋一樹氏の論文〔高橋一樹二〇一三〕、考古学の立場から災害痕跡を論じた山口正紀氏の論文〔山口二〇一六〕、風害と疾病を中心に論じた赤澤春彦氏の論文〔赤澤二〇一七〕なども見られる。

概して、従来の中世鎌倉の災害に関する研究は、火災・地震についての研究が中心であるが、その他の天災および人災についても考察が必要である。以下、火災についても簡単に触れた後、水害・風害について見ていくことにする。

## 2　火が襲う—火災

都市における火災は、その頻発性や大規模性を特色とする〔伊藤二〇〇三〕。先行研究〔盛本一九九四、藤木編二〇〇七〕を参考にしつつ、文治元年（一一八五）から天正十八年（一五九〇）までの間を対象として作成した鎌倉の火災略年表が、表3である。なお、鎌倉の災害全般に関して、本章の表3〜5をさらに増補する形で、松吉大樹氏が作成した年表も存在するので、そちらも参照されたい〔松吉二〇一三〕。

これを見ると、承久二年（一二二〇）には八回の火災記事があり、寛喜三年（一二三一）には正月だけで三回の火災記事がある。したがって、鎌倉においても、火災の頻発性は明らかである。

鎌倉で大量に見られる建築遺構に「竪穴建物《たてあなたてもの》」（半地下式の倉庫、四九頁図9参照）というものがあるが、半地下式であることから、火災への対処という可能性もある〔河野一九九五〕。類似の施設として江戸の「穴蔵」というものがあるが、こちらは天井部を持ち、出入り口に蓋をすることで密閉される〔小沢一九九八、古泉二〇〇一b〕。穴蔵と比較してみると、竪穴建物では密閉性は低く、切石利用は部分的にとどまっており、現段階で防火の機能を推測することは困難である〔鈴木二〇〇六〕。竪穴建物に、火災時に蓋をして土砂をかけて密閉するような構造があったとすれば、防火倉庫という性格が強くなるが、現状では不明とするしかない。

防火のために、陰陽道的対処がなされることもあった。『吾妻鏡』治承四年（一一八〇）十月九日条によれば、知家事《ちけじ》兼道《かねみち》なる者の山内の宅は、正暦年中（九九〇〜九九五）に建てられて以来、一度も火災に遭っていなかったが、これは陰陽師の安倍晴明《あべのせいめい》が「鎮宅之符」（防火のおふだ）を貼ったからだという。また、宅鎮祭および防解火災祭といった陰陽道の祭祀を行って防火を祈ることもあった（『吾

**表3　鎌倉火災略年表**

| 年月日 | 西暦 | 場所等 | 出典（空欄はすべて『吾妻鏡』） |
|---|---|---|---|
| 文治二・三・四 | 一一八六 | 若宮焼失（？） | 『鎌倉年代記裏書』 |
| 文治四・正・一 | 一一八八 | 佐野太郎基綱窟堂下宅、人屋数十宇 | |
| 文治五・一一・二三 | 一一八九 | 大倉観音堂 | |
| 建久二・三・四 | 一一九一 | 小町大路辺、江間殿（北条義時）屋敷等、鶴岡社、御所 | |
| 建久三・四・三〇 | 一一九二 | 若宮職掌紀藤大夫宅 | |
| 建久三・一〇・三〇 | 一一九二 | 武者所（牧）宗親浜家 | |
| 建久四・四・一九 | 一一九三 | 工藤左衛門尉祐経宅 | |
| 正治元・五・二三 | 一一九九 | 浜辺、平民部大夫（盛時）家等、人屋三十余 | |
| 建仁元・三・一〇 | 一二〇一 | 若宮大路西頬、懐島権守（大庭景義）旧跡等、南は由比人屋まで数町 | |
| 建仁三・九・二 | 一二〇三 | 比企能員館（比企氏滅亡） | |
| 建永二・一〇・八 | 一二〇七 | 若宮大路人家 | |
| 承元二・正・一六 | 一二〇八 | 問注所入道（三善康信）名越家、数町 | |
| 承元四・二・一 | 一二一〇 | 町口民屋、若宮大路中條右衛門尉（家長）家以下 | |
| 承元四・二・二九 | 一二一〇 | 和田左衛門尉（義盛）宅以南、人屋数十宇 | |
| 承元四・一一・二〇 | 一二一〇 | 相模太郎（北条泰時）小町亭、近隣御家人宅等 | |

| 年月日 | 西暦 | 場所等 | 出典（空欄はすべて『吾妻鏡』） |
| --- | --- | --- | --- |
| 承元五・閏正・七 | 一二一一 | 武州（北条時房）亭以南人屋三十余宇 | |
| 建暦三・五・二 | 一二一三 | 御所（和田合戦） | |
| 建暦三・一二・一 | 一二一三 | 御所近辺、武州（北条時房）等宿廬 | |
| 建保二・正・三 | 一二一四 | 由比浜人屋 | |
| 建保二・一二・四 | 一二一四 | 由比浜辺、若宮大路数町 | |
| 建保三・正・一一 | 一二一五 | 若宮辻人家、藤右衛門尉（安達）景盛宿所、二十余町 | |
| 建保五・正・一一 | 一二一七 | 御所辺、御台所御乳母、（源）仲章朝臣等宿廬 | |
| 建保五・三・四 | 一二一七 | 信濃守（二階堂）行光家 | |
| 建保七・正・七 | 一二一九 | 御所近辺、前大膳大夫入道覚阿亭以下四十余宇 | |
| 建保七・正・一五 | 一二一九 | 大倉辺、相州（北条時房）室宿所以下数十宇 | |
| 建保七・二・一四 | 一二一九 | 将軍家政所 | |
| 承久元・九・二二 | 一二一九 | 河野四郎（通信）浜宅の北辺、上永福寺惣門、下浜庫倉前、東名越山際、西若宮大路 | |
| 承久元・一二・二四 | 一二一九 | 故右府将軍亭（大倉御所） | |
| 承久二・正・二九 | 一二二〇 | 窟堂辺、進士判官代（橘隆邦）等家 | |
| 承久二・二・一六 | 一二二〇 | 大町以南、浜に至る | |
| 承久二・二・二六 | 一二二〇 | 大町上、武州（北条泰時）亭前にて火止む | |

| | | | |
|---|---|---|---|
| 承久二・三・九 | 一二二〇 | 窟堂辺民居数十宇 | |
| 承久二・九・二五 | 一二二〇 | 大野右近入道、工藤八郎左衛門尉等宅 | |
| 承久二・一〇・一一 | 一二二〇 | 町辺、南北二町、相模次郎入道行念（北条時村）等家 | |
| 承久二・一二・二 | 一二二〇 | 永福寺内僧坊両三宇 | |
| 承久二・一二・四 | 一二二〇 | 民部大夫（二階堂）行盛等宅 | |
| 承久三・正・二五 | 一二二一 | 町大路東、大夫属入道（三善）善信宅 | |
| 貞応元・九・二二 | 一二二二 | 奥州（北条義時）御亭寝殿放火、即撲滅 | |
| 貞応二・九・五 | 一二二三 | 和賀江辺 | |
| 貞応三・三・一九 | 一二二四 | 甘縄山麓以南三町余、千葉介胤綱家 | |
| 貞応三・九・五 | 一二二四 | 三浦駿河前司義村西御門家 | |
| 嘉禄元・四・三〇 | 一二二五 | 毛利蔵人大夫入道西阿（季光）宿所（御所向）、近辺一町 | |
| 嘉禄二・一二・一三 | 一二二六 | 政所前、尾藤左近将監（景綱）等家 | |
| 嘉禄三・正・二 | 一二二七 | 田楽辻子東西一町余 | |
| 嘉禄三・二・八 | 一二二七 | 幕府東西人家等、武州（北条泰時）納所一宇 | |
| 嘉禄三・二・二一 | 一二二七 | 亀谷辺 | |
| 安貞二・七・一六 | 一二二八 | 松童社の傍、東西四町の内人家 | |
| 安貞二・一二・一二 | 一二二八 | 由比民居、越後守（名越朝時）名越亭後山の際に至る、南北二十余町 | |
| 寛喜元・九・三〇 | 一二二九 | 若宮大路西頬下馬橋以北 | |

| 年月日 | 西暦 | 場所等 | 出典（空欄はすべて『吾妻鏡』） |
|---|---|---|---|
| 寛喜元・一二・一三 | 一二二九 | 助法印珍誉住坊 | |
| 寛喜元・一二・二五 | 一二二九 | 窟堂下辺、若宮大路甘縄等の人屋 | |
| 寛喜二・正・三 | 一二三〇 | 御所南の淡路前司（長沼）宗政宅 | |
| 寛喜三・正・一四 | 一二三一 | 大倉観音堂西辺下山入道家。故右京兆（北条義時）旧宅、二階堂大路人屋等に及ぶ | |
| 寛喜三・正・一六 | 一二三一 | 米町辺、横町南北六町余、出羽前司（中條家長）宅 | |
| 寛喜三・正・二五 | 一二三一 | 名越辺、越後四郎（名越）時幸宿所等。同時甘縄辺人家五十余宇、放火云々 | |
| 寛喜三・二・一一 | 一二三一 | 足利左馬頭（義氏）若宮馬場本宿所、放火歟 | |
| 寛喜三・三・一六 | 一二三一 | 武蔵大路の下民家一宇、ある青女嫉妬により焼死のため自ら放火 | |
| 寛喜三・一〇・二五 | 一二三一 | 相州（北条時房）公文所。勝長寿院橋西辺、永福寺惣門の内、右大将家法華堂等に及ぶ | |
| 寛喜四・二・一四 | 一二三二 | 甘縄辺民居 | |
| 文暦二・九・一 | 一二三五 | 右大将家法華堂湯屋、中間民屋数十宇を壊し延焼を止む | |
| 嘉禎二・一一・二四 | 一二三六 | 町大路、南北十余町、筑後左衛門尉（八田朝重）以下人家 | |
| 嘉禎四・正・一〇 | 一二三八 | 三浦駿河前司（義村）、玄番頭（後藤基綱）、若狭守（三浦泰村）等家 | |
| 暦仁元・一二・二九 | 一二三八 | 周防前司（藤原）親実家 | |

| | | | |
|---|---|---|---|
| 延応元・一二・二七 | 一二三九 | 前武州（北条泰時）南御近隣、人屋五六宇 | |
| 延応元・一二・二九 | 一二三九 | 武蔵大路下佐々木隠岐入道（義清）家以下数十宇 | |
| 延応二・二・六 | 一二四〇 | 政所并御倉以下、放火の疑い有りと云々 | |
| 延応二・五・二 | 一二四〇 | 勝長寿院別当法印良信本坊、放火云々 | |
| 仁治二・三・一七 | 一二四一 | 前浜辺人居から甘縄山麓まで数百宇、千葉介（時胤）旧宅、秋田城介（安達義景）等家 | |
| 仁治四・正・九 | 一二四三 | 足利大夫判官（家氏？）亀谷亭向頬人家 | |
| 仁治四・二・二 | 一二四三 | 大倉薬師堂 | |
| 寛元二・一二・二六 | 一二四四 | 武州（北条経時）、北条左親衛（時頼）等、政所 | |
| 寛元五・正・一三 | 一二四七 | 右大将家法華堂前人家数十宇、陸奥掃部助（金沢実時）亭 | |
| 宝治元・六・五 | 一二四七 | （三浦）泰村南隣の人屋（宝治合戦） | |
| 宝治元・一一・七 | 一二四七 | 金剛寿福寺、仏殿以下惣門に至るまで悉く | |
| 宝治元・一二・五 | 一二四七 | 名越尾張前司（時章）辺人家数十宇 | |
| 建長二・九・二六 | 一二五〇 | 相州（北条時頼）御亭 | |
| 建長二・九・二八 | 一二五〇 | 名越辺 | |
| 建長三・正・四 | 一二五一 | 塔辻人屋数十宇、大蔵権少輔（結城）朝広家 | |
| 建長三・二・一〇 | 一二五一 | 甘縄辺、地相法橋宅より出火、東若宮大路、南由比浜、北中下馬橋、西佐々目谷、相模右近大夫将監（北条）時定以下 | |
| 建長三・五・二七 | 一二五一 | 由比浜の民居、御所の南隣人家まで延焼、南面棟門 | |

| 年月日 | 西暦 | 場所等 | 出典（空欄はすべて『吾妻鏡』） |
|---|---|---|---|
| 建長三・一〇・七 | 一二五一 | 薬師堂谷、二階堂大路南まで延焼、宇佐美判官（祐泰）荏柄家の前に至る | |
| 建長四・二・八 | 一二五二 | 西寿福寺前、東名越山王堂前、南和賀江、北若宮大路上 | |
| 建長五・一二・八 | 一二五三 | 若宮大路下下馬橋辺、前浜民屋まで中間人家悉く | |
| 建長五・一二・二三 | 一二五三 | 経師谷口、浜高御倉まで、焼死者十余人 | |
| 建長六・正・一〇 | 一二五四 | 浜風早町辺、名越山王堂に至る、人家数百宇、焼死者数十人 | |
| 建長六・二・四 | 一二五四 | 右馬助（藤原）親家宿所、右近大夫将監（北条）時定亭、安東藤内左衛門尉（光成）家 | |
| 建長八・三・一六 | 一二五六 | 伊賀前司（小田）時家大倉家以東三町余、人家皆 | |
| 康元元・一一・二六 | 一二五六 | 名越、備前三郎（名越）長頼亭 | |
| 康元元・一二・一一 | 一二五六 | 右大将家法華堂前、勝長寿院、弥勒堂、五仏堂、塔悉く | |
| 正嘉元・一一・二二 | 一二五七 | 若宮大路、藤次郎左衛門入道家失火、花山院新中納言（通雅）、下野前司（宇都宮泰綱）等亭、田楽辻子にて火止む | |
| 正嘉二・正・一七 | 一二五八 | 秋田城介（安達）泰盛甘縄宅失火、薬師堂後山を越え寿福寺に至る、余炎新清水寺、窟堂、その辺民屋、若宮宝蔵、同別当坊 | |
| 文応元・四・二九 | 一二六〇 | 鎌倉中大焼亡、長楽寺前より亀谷人屋に至る | |
| 弘長元・二・一二 | 一二六一 | 政所庁屋焼失 | 『随聞私記』 |
| 弘長元・九・九 | 一二六一 | 大曽祢次郎左衛門尉盛経入道家 | |

| | | | |
|---|---|---|---|
| 弘長元・九・二〇 | 一二六一 | 若宮大路 | |
| 弘長三・三・一八 | 一二六三 | 名越辺、山王堂 | |
| 弘長三・八・二五 | 一二六三 | 甘縄、北斗堂辺民居 | |
| 弘長三・一一・二二 | 一二六三 | 小町、前武州（大仏朝直）亭前に至り火止む | |
| 弘長三・一二・一〇 | 一二六三 | 若宮大路、呪師勾当辻より大学辻子に至る、中間人家皆被災、太宰少弐（武藤）景頼入道宅 | |
| 弘長三・一二・一七 | 一二六三 | 荏柄社前、塔辻、宮内権大輔（長井）時秀家 | |
| 文永三・正・二五 | 一二六六 | 佐々目谷 | |
| 文永八・一〇・一二 | 一二七一 | 鶴岡別当坊 | 『鶴岡社務記録』 |
| 建治二・正・二〇 | 一二七六 | 御所（相州（北条時宗）館） | 『鎌倉年代記裏書』 |
| 建治二・一二・一五 | 一二七六 | 御所（（北条）宗政館） | 『鎌倉年代記裏書』 |
| 建治三・二・七 | 一二七七 | 公文所 | 『建治三年記』 |
| 弘安三・一〇・二八 | 一二八〇 | 法華堂、荏柄社、相州（北条時宗）館以下、火元中下馬橋中条判官（家長）宿所 | 『鎌倉年代記裏書』 |
| 弘安三・一一・一二 | 一二八〇 | 柳厨子より博労座まで | 『鎌倉年代記裏書』 |
| 弘安三・一一・一四 | 一二八〇 | 鶴岡八幡宮上下、火元大学厨子 | 『鎌倉年代記裏書』 |
| 弘安八・一一・一七 | 一二八五 | 御所（霜月騒動） | 『鎌倉年代記裏書』 |
| 弘安一〇・一二・二四 | 一二八七 | 円覚寺 | 『鎌倉年代記裏書』 |
| 正応二・一二・一二 | 一二八九 | 円覚寺 | 『鎌倉年代記裏書』 |

| 年月日 | 西暦 | 場所等 | 出典（空欄はすべて『吾妻鏡』） |
|---|---|---|---|
| 正応六・四・一三 | 一二九三 | 卯時大地震（中略）同時建長寺炎上 | 『親玄僧正日記』 |
| 正応六・四・二二 | 一二九三 | 寅初殿中以外騒動、平禅門打たるべきの故也、寅刻打手武蔵七郎等押し寄せ火を懸け合戦に及ぶ（中略）、経師谷、其次小町放火了、其次笠井屋形放火了、経師谷に於いて火中死去の輩九十三人云々 | 『親玄僧正日記』 |
| 永仁元・九・二五 | 一二九三 | 今夜亥終焼失これあり、摂津前司（親致）宿所放火の由その聞えあり、近日火災相続の条、怖畏無極、五六町許焼失云々 | 『親玄僧正日記』 |
| 永仁元・一二・一八 | 一二九三 | 今日炎上、名越云々 | 『親玄僧正日記』 |
| 永仁三・一一・五 | 一二九五 | 勝長寿院 | 『鎌倉年代記裏書』 |
| 永仁四・二・三 | 一二九六 | 鶴岡八幡宮上下 | 『鎌倉年代記裏書』 |
| 永仁四・四・一六 | 一二九六 | 岩屋堂より火出来、南風頻吹、多宝寺、浄光明寺、坂中観音堂等悉炎上了 | 『随聞私記』 |
| 永仁四・一二・一一 | 一二九六 | 大焼亡、名越大小諸堂屋舎一宇残らず、焼死者五百余人云々 | 『随聞私記』 |
| 永仁五・閏一〇・七 | 一二九七 | 佐々目谷口より火出来、甘縄等大焼亡、千葉屋形已下、兵部大輔、駿河守、近江守等屋形悉焼了、甘縄宿坊焼失 | 『随聞私記』 |
| 嘉元三・四・二二 | 一三〇五 | 禅閤（北条貞時）鎌倉館焼失、大多和讃岐尼恵鑑局より出火 | 『鎌倉年代記裏書』 |
| 嘉元三・四・二三 | 一三〇五 | 権大夫時村打たれ了、河西谷より火出来、一所屋形已下悉焼失了 | 『随聞私記』 |
| 嘉元三・五・三 | 一三〇五 | 駿河守宗方打たれ了、宿所より放火、二階堂大路、□□（薬師）堂谷口悉焼失了 | 『随聞私記』 |

| | | | |
|---|---|---|---|
| 延慶三・一一・六 | 一三一〇 | 安養院より出火、焼失所々、勝長寿院、法華堂、神宮寺、浄光明寺、多宝寺、理智光院、杉本、田代、二階堂、大門、荏柄社、其外堂社その数を知らず、将軍御所、最勝園寺禅閤（北条貞時）館、当国司以下大名小名宿館等、大略焼失 | 『鎌倉年代記裏書』 |
| 正和四・三・八 | 一三一五 | 和賀江、八幡宮、典厩（北条高時）、相州（北条熙時）館以下、政所、問注所、建長寺 | 『鎌倉年代記裏書』 |
| 正和四・七・九 | 一三一五 | 建長寺 | 『鎌倉年代記裏書』 |
| 正中二・正・三 | 一三二五 | 相州（北条高時）館、政所、火元西御門 | 『鎌倉年代記裏書』 |
| 元徳二・二・七 | 一三三〇 | 将軍御所、前宮内少輔元遠休所より出火 | 『鎌倉年代記裏書』 |
| 元徳三・二・二三 | 一三三一 | 山内殿 | 『鎌倉年代記裏書』 |
| 建武四・二・二 | 一三三七 | 覚園寺 | 『覚園寺文書』 |
| 暦応二・八・六 | 一三三九 | 大風雨、山木崩倒了 | 『鶴岡社務記録』 |
| 延文二・一〇・九 | 一三五八 | 浄智寺 | 『傑翁録』 |
| 延文三・一一 | 一三五九 | 覚園寺 | 『覚園寺文書』 |
| 応安三・正・六 | 一三七〇 | 鎌倉城中 | 『空華日用工夫略集』 |
| 応安六・一一・一七 | 一三七三 | 円覚寺 | 『武家年代記裏書』 |
| 応安七・一一・二三 | 一三七四 | 円覚寺 | 『空華日用工夫略集』 |
| 応永二・一二・三〇 | 一三九五 | 寿福寺 | 『武家年代記裏書』 |
| 応永一四・八・一九 | 一四〇七 | 御所 | 『武家年代記裏書』 |
| 応永一四・一二 | 一四〇七 | 円覚寺 | 『妙法寺記』 |

| 年月日 | 西暦 | 場所等 | 出典（空欄はすべて『吾妻鏡』） |
|---|---|---|---|
| 応永一六・六・二九 | 一四〇九 | 御所 | 『鎌倉大日記』 |
| 応永二一・一二・二八 | 一四一四 | 建長寺 | 『鎌倉大日記』 |
| 応永二八・一一・一二 | 一四二一 | 円覚寺 | 『武家年代記裏書』 |
| 応永二九・閏一〇・一三 | 一四二二 | 妙本寺 | 『神明鏡』 |
| 応永三三・八・二三 | 一四二六 | 建長寺 | 『異本塔寺八幡宮長帳』 |
| 永享元・正・三〇 | 一四二九 | 浄妙寺 | 『鎌倉大日記』 |
| 永享元・二・一一 | 一四二九 | 永安寺、大楽寺 | 『鎌倉大日記』 |
| 享徳三・六・一六 | 一四五四 | （今川勢）鎌倉へ乱入、御所をはじめとして谷七郷の神社仏閣追捕して悉焼払う | 『鎌倉大草紙』 |
| 長禄三・正・四 | 一四五九 | 円覚寺 | 『鎌倉大日記』 |
| 長禄三・一二・八 | 一四五九 | 今法へ悪党入、門に火懸間、建長寺仏殿、惣堂其外悉く焼失也 | 『香蔵院珎祐記録』 |
| 応仁元・正・一五 | 一四六七 | 寿福寺 | 『鎌倉大日記』 |
| 天文一七・一二・一四 | 一五四八 | 町より出火、妙本寺罹災 | 『佐渡妙経寺文書』 |

妻鏡』嘉禄元年〈一二二五〉十二月十七日条など）。

防火のための祈りの施設は、寺院にも存在した可能性がある。江戸前期の延宝六年（一六七八）に徳川光圀《とくがわみつくに》から寄進された『建長寺境内絵図』（建長寺蔵）は、延宝六年当時の状況に、廃絶した塔頭《たっちゅう》等

図9　発掘された竪穴建物の跡（下馬周辺遺跡）（『鎌倉の埋蔵文化財』15，鎌倉市教育委員会より）

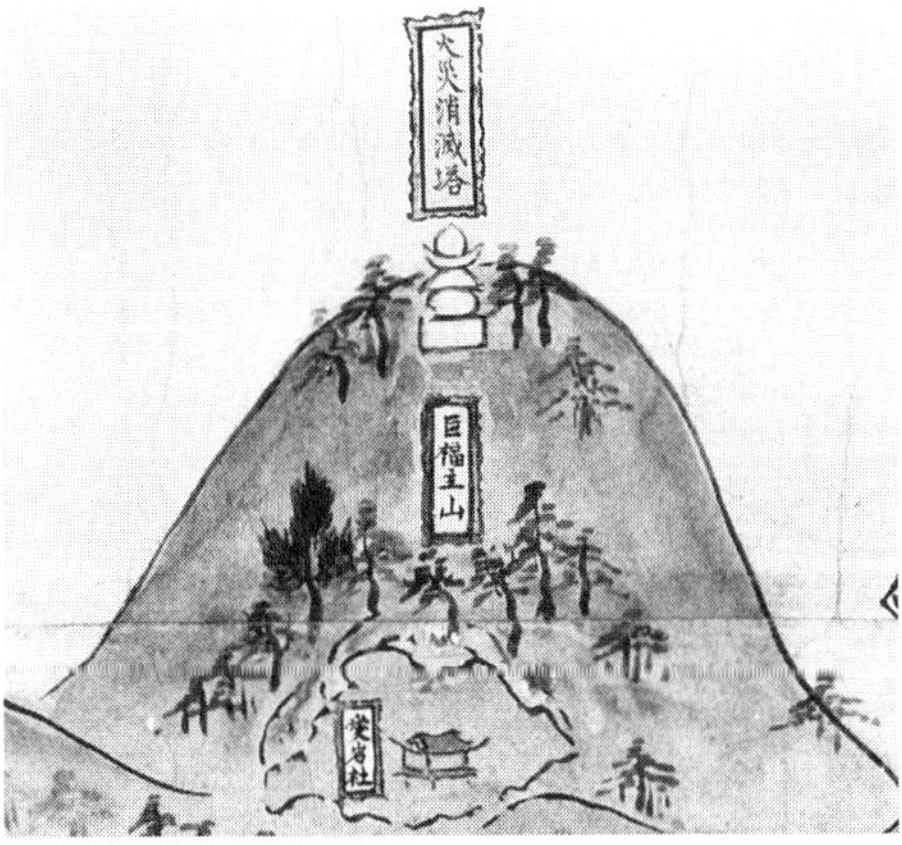


図10『建長寺境内絵図』に見る火災消滅塔（建長寺蔵）

の情報を書き加えたものであり、その内容はある程度まで中世に遡らせることができるという（白川二〇一七）。この絵図には、境内最奥部の山の頂上に、火伏《ひぶせ》の神として知られる「愛宕社《あたごしゃ》」と「火災消滅塔」という五輪塔が描かれている（図10）。現在も、同地点に石造の社と五輪塔の地輪・火輪のみが残されているという（田邉二〇一六、白川二〇一七）。火災消滅塔は明らかに防火を祈願するための塔であるが、その存在は中世まで遡ることができるかもしれない。

また、猿を馬の守り神と考え、厩《うまや》の火災防止や馬の病気除けを祈願するために、厩に猿を飼ったり猿の骨を置いたりする「厩猿信仰」も、防火のまじないの一つと見なすことができる。この信仰は、『一遍聖絵《ひじりえ》』（清浄光寺蔵）などの鎌倉時代の絵画史料で確かめられるが、鎌倉でもおそらく行われていたものと思われる。

都市の火災には、人為性の高さという特色もある。平安京における放火の頻発についてはすでに指摘のあるところであり（西山二〇〇四）、鎌倉でも寛喜三年（一二三一）正月二十五日、同年二月十一日、延応二年（一二四〇）二月六日など、多くの放火が見られる。人為的火災のなかでも、政権都市固有の人災というべきものが、合戦による火災である。鎌倉の場合は、建仁三年（一二〇三）九月二日の比企《ひき》氏滅亡事件、宝治元年（一二四七）六月五日の宝治合戦、弘安八年（一二八五）十一月十七日の霜月《しもつき》騒動、正応六年（一二九三）四月二十二日の平禅門の乱、元弘三年（一三三三）五月の鎌倉幕府滅亡などがそれに相当する。

以上のように、政権都市鎌倉の住民は、さまざまな形で火災の被害に見舞われる危険が高かったのである。

## 3　水があふれる──水害

元来鎌倉は、砂丘により滑川河口《なめりがわ》がふさがれやすい地形であり、しばしば洪水・冠水が誘発された〔南出二〇〇四、河野二〇〇七〕。さらに、中心河川である滑川だけでなく小河川・溝においても水害（洪水）が発生していたと思われる。先行研究〔藤木編二〇〇七〕を参考に作成した鎌倉の水害略年表が表4であるが、これを見ると「溝」も氾濫により水害を発生させていることがわかる〔承久二年〈一二二〇〉七月三十日、建長八年〈一二五六〉八月六日など〕。

発掘により中世の小川や溝が出土しており〔斎木一九八九a、同一九八九b〕、中世鎌倉には現在目にしているよりも多くの小河川が存在していたと考えられる〔上本二〇〇四〕。時代はかなり下るが、明治四年（一八七一）の『鎌倉八幡宮境内絵図』や昭和二年（一九二七）鎌倉同人会発行の一万分の一縮尺鎌倉地図に見える水の流れと比較してみても、現在では消滅したり、暗渠となったりしている水の流れがかなり多いことがわかる。

室町時代後期の明応ごろの成立とされる『善宝寺寺地図』〔光明寺蔵、五四頁図11〕に見える、若宮大路側溝らしき流れは、滑川と同様の水流を備えているように描かれている。もちろん、絵画表現によるデフォルメもあろうが、発掘の結果から判明する若宮大路側溝は幅三㍍前後であるから、あなが

表4　鎌倉水害略年表

| 年月日 | 西暦 | 記事 | 出典（空欄はすべて『吾妻鏡』） |
|---|---|---|---|
| 文治三・八・二六 | 一一八七 | 洪水 | 『武家年代記裏書』 |
| 文治四・六・五 | 一一八八 | 戌剋洪水、勝長寿院前橋落畢 | |
| 建久元・八・一七 | 一一九〇 | 甚雨、入夜暴風穿人屋、洪水頽河岸 | |
| 建久二・八・二六 | 一一九一 | 洪水 | 『武家年代記裏書』 |
| 建暦二・五・二七 | 一二一二 | 雨降、凡此間洪水、河瀉辺人家為水底云々 | |
| 建保二・八・七 | 一二一四 | 甚雨洪水、大倉新御堂惣門顚倒 | |
| 承久二・七・三〇 | 一二二〇 | 辰剋風雨尤甚、鎌倉中人家、或為風顚倒、或依水流失、河溝辺卜居之輩多死亡、近来無比類云云 | |
| 嘉禄三・六・一二 | 一二二七 | 所々洪水、河辺田畠等流失云々 | |
| 寛喜二・八・六 | 一二三〇 | 及晩洪水、河辺民居流失、人多溺死、古老未見此例云々 | |
| 文暦二・七・一〇 | 一二三五 | 鎌倉中洪水、人屋之流失、山岳之頽毀、不可勝計 | |
| 嘉禎三・三・九 | 一二三七 | 亥刻洪水 | |
| 嘉禎三・一一・七 | 一二三七 | 丑刻甚雨洪水、稲瀬河辺民屋数十余宇流失、下女二人漂没云々 | |
| 寛元二・一一・三 | 一二四四 | 丑刻大洪水、道路悉為水底、家屋流失、資財紛散云々、近年無比類云々 | |
| 建長三・四・二三 | 一二五一 | 今夜子刻洪水、村里家、耕所苗、悉以流失云々 | |
| 建長八・二・二九 | 一二五六 | 午剋洪水雷電 | |

| | | | |
|---|---|---|---|
| 建長八・八・六 | 一二五六 | 甚雨大風、河溝洪水、山岳頽毀、男女多々横死云々 | |
| 正嘉二・一〇・一六 | 一二五八 | 巳剋以後甚雨洪水、屋宅流失、人溺死 | |
| 文応元・六・一 | 一二六〇 | 疾風暴雨洪水、河辺人屋大底流失、山崩人多為磐石被圧死 | |
| 正応四・七・一 | 一二九一 | 大雨洪水、人家漂没、死人甚多 | 『鎌倉年代記裏書』 |
| 延慶三・三・二四 | 一三一〇 | 大洪水 | 『鎌倉年代記裏書』 |
| 元亨四・八・八 | 一三二四 | 洪水 | 『建長寺年代記』 |
| 応安三・九・一三 | 一三七〇 | 相模国大水、四十年来未有如此之事、鎌倉ニ向ヘル号飯嶋之孤島、在家二百余宇富饒所云々、皆以流失 | 『後愚昧記』 |
| 応永二七・八・一二 | 一四二〇 | 洪水 | 『神明鏡』 |
| 長禄三・六・一九 | 一四五九 | 大風、大洪水 | 『鎌倉大日記』 |
| 明応四・八・一五 | 一四九五 | 大地震洪水、由比浜海水到千度檀、水勢破大仏殿、溺死二百余 | 『鎌倉大日記』 |
| 天文二・六・二 | 一五三三 | 依連日洪水、大道寺以船小田原江被渡了 | 『快元僧都記』 |
| 天文五・八・二八 | 一五三六 | 大雨、洪水、諸社人失其気 | 『快元僧都記』 |
| 天文五・九・一七 | 一五三六 | 依洪水氏綱可有延引歟、今月大水三ヶ度 | 『快元僧都記』 |
| 天文五・九・一九 | 一五三六 | 路次往反断絶之由申、少々往覆者溺死耳、山之頽岩悉以取除掃除畢 | 『快元僧都記』 |
| 天文八・七・一六 | 一五三九 | 此二三日大雨、取分今夜洪水畢 | 『快元僧都記』 |

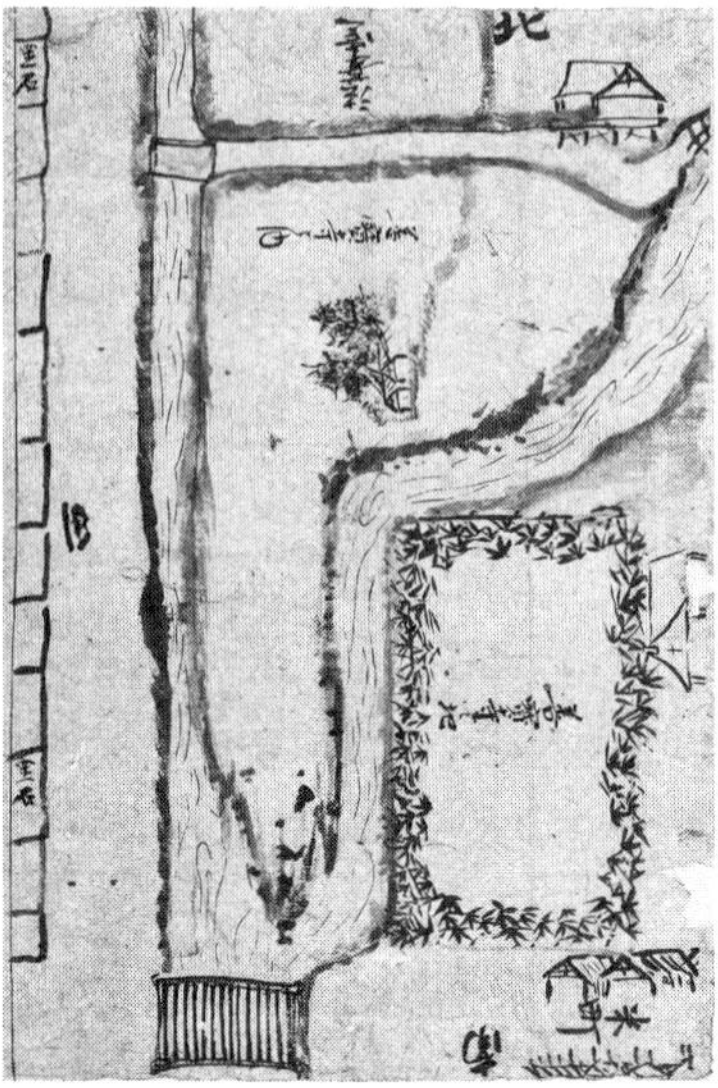

**図11 『善宝寺寺地図』**（相模原市・光明寺蔵，神奈川県立歴史博物館提供）

ち不自然ともいえない。また、『吾妻鏡』文治三年（一一八七）八月一日条によれば、放生会《ほうじょうえ》を目前にひかえて、「鎌倉中」と近辺の海・河・浜、そして「溝」についての殺生禁断が命じられており、溝においても魚類が生息していたと推測できる。これらのことから、中世鎌倉においては、溝にも小河川としての性格が備わっていたといえるであろう。

実は、中世都市は溝ばかり、でもあった。住宅の周囲の雨落溝、土地境界の区画溝、道路側溝など、多数の溝が存在したことは、中世都市の特徴の一つである。都市鎌倉と溝の密接な関連というイメージは、『一遍聖絵』の小袋坂《こぶくろざか》付近の描写にも反映されており、街路脇を流れる溝と小さな橋が描かれている（一六九頁図38参照）。ちなみに、この場面の溝は、一見すると街路の中央を流れているようにも見えるが、ヨーロッパのように街路中央を排水溝が流れるような事例は日本では見られず、やはり街路脇の側溝を描いたと考えるべきであろう。

鎌倉の道路側溝や区画溝は、排水施設としても機能しており（宗臺一九九六）、浜地にも溝による区画が存在していた〔鈴木二〇〇六〕ことから、溝が都市に不可欠な設備であったことは間違いない。

ところで、洪水と水害の関係について、河川・水害研究の立場からは次のような指摘がなされている。

＊洪水は厳密にいえば、河川にふだんの何十倍から何百倍もの「水が流れる」現象である。（中略）洪水が発生し、それが川から氾濫したとしても、そこに人の営みがないかぎり「水害」とはいわないだろう。また、仮に人が住んでいても、あふれた水を上手に受けとめることができれば、被害を軽減することは可能である。言いかえれば、水害は人とのかかわりをぬきにしては語れないのであって、その意味で、自然的現象というよりも社会的要因の強い現象なのである。〔大熊二〇〇七〕

＊古来、河川に隣接した地域では、氾濫はごく当たり前の現象であった。氾濫は上流から肥沃な土壌を運び、豊かな実を結ぶ源泉でもあった。しかし現在のように、洪水による被害が深刻化したのは、氾濫危険地域まで開発が進み、そこが人間の生活の場になってしまったからである〔山崎一九九四〕。

つまり、人間が川辺に建物を建てたことによって、水害を受けやすくなる状況が発生した、ということである。中世の鎌倉においても、川辺に建物が多く存在した。『吾妻鏡』治承四年（一一八〇）十月十一日条によれば、北条政子が伊豆から鎌倉へ入るに際し、「稲瀬河《いなせがわ》辺民居」に一泊しており、鎌倉初期より稲瀬川近くに民家があったことが知られる。

また、大町《おおまち》や今小路《いまこうじ》周辺では、滑川や佐助川を利用した小舟による輸送が利用でき、そうした地理的条件を備えた地域には竪穴建物が密集して作られていた〔斎木一九九四〕。よって、竪穴建物の多くが水害を受けやすい状況にあったことになる。鎌倉で一般的に見られる木組み構造の竪穴建物の中には、埋め甕や木樋などの排水施設が附属する例もある〔鈴木二〇〇六〕。たとえば、小町一丁目三二五番イ外地点（秋月医院跡地）の竪穴建物から小町大路側溝に向けて、流水のための木樋が設置されている。建築当初のものでなく、何らかの必要によって後で付けられたものと推測される〔佐藤一九九四〕。地下水、もしくは河川などの洪水による浸水に対応するため、竪穴建物に木樋を付けた可能性がある。江戸の穴蔵も、防水面に弱点があることが指摘されている〔小沢一九九八〕。

河川だけでなく、溝の近くにも建物が多くあったことは容易に想像される。そもそも人工的な溝は、区画のためや排水のために設置されるものであるから、必然的に建物の近くに存在することになるのである。さらには、溝の上に張り出す家もあった。『吾妻鏡』寛元三年（一二四五）四月二十二日条によれば、幕府から鎌倉の保奉行人《ほうのぶぎょうにん》（鎌倉内の地域＝保ごとに任命された担当の幕府役人）に対して、「溝の上に小家を造り懸けること」などを禁止するように命じた法令が出されている。場所も時代も異なるが、戦国時代の京都を描いた『上杉本洛中洛外図屏風』には、小川の上に設けられた「水上町家」の存在が見出される〔高橋康夫一九八八〕（図12）。鎌倉の溝の上にも、同様の町家が設けられていたに違

図12 『上杉本洛中洛外図屏風』に見る水上家屋（米沢市上杉博物館蔵）

いない。

このように、中世の鎌倉では、川や溝の近くに建物が存在して水害の発生しやすい条件が存在した。しかしながら、はたして小河川や溝の洪水が、深刻な水害を引き起こしうるのか、という疑問も生じる。ここで想起されるのが、現代日本で問題となっている「都市型水害」（排水処理能力が追いつかない状況での小河川氾濫）である。現代の都市型水害については、おおよそ以下のように説明されている。

＊現代の都市では、地表の大部分が屋根や舗装道路などの「平らな不浸透面」で覆われている。このため、都市に降る雨の大部分は貯留されずに

流出する。(中略)また都市では、雨水を速やかに排除するために側溝や下水道などの排水網が整備されているので、雨水が河川に流出するまでの時間が短い。その結果、大量の雨水が短時間に集中して流れることになる〔紀谷他編一九九二〕。

＊高度経済成長のなかで過疎地の水害とともに、都市およびその近郊の中小河川の、溢水や内水水害が頻発するようになった。土地利用の変化(水田・畑地・林地の潰廃と住宅・工業用地化)、あるいは下水道の普及に伴い、降雨の流出率が増加した。河川への出水量の増大、出水時間の短縮・洪水波形の先鋭化という変化が生まれた。洪水の負担が狭い河道に集中した。しかし、その変化に見合う治水対策は、欠けているかあるいは遅れているため、水害が頻発するようになった〔山崎一九九四〕。

右のような説明をふまえて考えてみると、中世鎌倉では、建物の密集による雨水不浸透面の増加、生活排水の増大、溝の整備による流水量の増加・集中、護岸工事の不備など、「都市型水害」の原因に近い要素があったように思われる。以上は、素人考えによる仮説にすぎないが、鎌倉で小河川・溝の洪水が起きていたことは事実である。少なくとも、中世においても、村落より都市において小河川・溝の氾濫が起きやすい条件が備わっていたのではなかろうか。

いっぽうで、小河川・溝の洪水に対しても、一定の対策がとられていたことも事実である。たとえば、発掘調査によって、小河川や溝に埋め立てや流路変更などの処置が加えられていたことがわかっている。御成小学校正門前の地点（御成町八七二番一四）の発掘成果によると、中世に当該地区を流れていた河川が埋め立てられた形跡がある〔斎木他二〇〇〇〕。この事例を根拠に、「土石流や氾濫への対策として、滑川・逆川《さかがわ》・二階堂川・扇川をはじめとする河川の河道付け替えや、小河川の護岸工事、堀や溝の開削がしばしば行われている」との説もあるが〔上本二〇〇四〕、埋め立ての目的が氾濫への対策であったかは不明である。当初の目的は、宅地拡張のための開発行為であった可能性もある。

千葉《ちば》地東《ちひがし》遺跡では、蛇行する古代の流路が、中世に護岸工事が施されたことにより、直線的な流路に変化している〔服部一九八六〕。千葉地東遺跡の南隣の地でも、中世の川で護岸がなされたり、一部埋め立てられた跡があり、それにもかかわらず氾濫が多発していた痕跡が確かめられる〔斎木一九八七〕。むしろ、流路が狭められた部分のすぐ上流（狭窄部上流）や旧河道は氾濫の危険性が高くなるのである〔末次二〇〇五〕。また、二階堂字横小路《あざよここうじ》では、覚園寺川《かくおんじがわ》の一部埋め立ての痕跡が見られ、永福寺造営との関連が推測されている〔宗臺他一九九六〕。このように、埋め立て・流路変更などの処置は、護岸工事を伴う場合も多く、洪水防止策という側面もあったのであるが、開発や造成といった行為と一体のものでもあったのである。

また、溝の維持管理も洪水対策の一貫となる。溝はゴミ捨て場やトイレにも使用されており、頻繁に浚渫しないと機能不全に陥るのであり〔河野二〇〇七〕、溝へのゴミ捨ても水害の一因であった〔宗臺一九九六〕。そのため、溝の管理には幕府も関与していた。先に見た、幕府による溝の上の家屋の禁

**図13　若宮大路側溝の跡（北条時房・顕時邸跡）**（『鎌倉の埋蔵文化財』21，鎌倉市教育委員会より）

止も、溝の機能保全という意図が含まれていたかもしれない〔高橋慎一朗二〇一二〕。大路側溝のドブさらえのための人員動員など、基本的な道路の管理は保の奉行人が幕府の意を受けて行い〔河野一九九四〕、若宮大路側溝工事が御家人へ賦課されていたことが知られる〔馬淵一九八四、同一九九四、石井一九八五〕（図13）。ただし、道路側溝以外の溝の護岸は、個々の受益者が負担していたものと思われる〔大河内一九九四〕。

さらに、十四世紀を中心に土丹《どたん》（宅地や道路の整地に用いられる、凝灰岩や泥岩を砕いた破片）を用いた河川の護岸がなされており、幕府が関与して一種の公共事業として行われたと考えられる〔大河内一九九四〕。

水害発生後の対策に関しては、破損・流出した橋の修理の事例があげられる。保奉行人が修理を担当し、幕府が徴収した罰金の一部が修理費に充てられていたのであり〔高橋慎一朗二〇〇六〕、ある程度幕府が関与していたことになる。しかし、戦国時代の結城《ゆうき》において、「それぞれの町に居住する侍が先頭に立って町全体に指令を出し、門や橋を再興せよ」と命じられていること（『結城氏新法度』三二条）から類推すると、実際には、現場付近の有力者（御家人など）が主導していたのではないかと思われる。

なお、水害と密接に関わる災害として、山崩れがある。鎌倉では十三世紀中葉以降、谷戸の造成により背後の山が削られ残土が発生していた〔馬淵二〇〇二〕。こうした谷戸の開発が、山崩れを誘発したと推測される。水害・山崩れが、開発と表裏一体の関係にあったことをあらためて指摘できよう。

## 4　風が吹き抜ける—風害

従来、意外に注目されてこなかったものの、頻繁に見られたのが風害である。具体的には大風による家屋・寺社の転倒・破損、火災の拡大などである。先行研究〔藤木編二〇〇七〕を参考に作成した鎌倉の風害略年表が表5である。注目すべき事例としては、建長六年（一二五四）五月九日に「辻風」（つむじ風）によって政所の文書が吹き上げられて行方知れずになってしまったという事件があり、風害により公文書が消滅してしまうというようなこともあったのである。

また、応安三年（一三七〇）九月二十日の事例も注目される。すなわち、義堂周信《ぎどうしゅうしん》が防風対策をとったことにより、彼の居住する瑞泉寺《ずいせんじ》のみが風害を免れたという記事であり、具体的にどのような対策をとったかが不明なのは残念であるが、何らかの防止策が存在したことがわかる。

## 表5　鎌倉風害略年表

| 年月日 | 西暦 | 記事 | 出典（空欄はすべて『吾妻鏡』） |
|---|---|---|---|
| 文治二・八・九 | 一一八六 | 勝長寿院惣門依風破損、今日加修理 | |
| 文治四・二・一四 | 一一八八 | 鶴岡問答講、大風抜樹、正殿御戸頗傾く | |
| 建久元・五・一五 | 一一九〇 | 甚雨、大風、雷鳴、大倉山震動、樹木多顚倒、岩石頽落 | |
| 建久元・八・一七 | 一一九〇 | 甚雨、入夜暴風穿人屋、洪水頽河岸 | |
| 正治二・三・三 | 一二〇〇 | 甚雨終日、如抜樹大風相交じる | |
| 建仁元・八・一一 | 一二〇一 | 大風、郷里穿屋、江浦覆船、鶴岡以下仏閣塔廟顚倒、万家一宇無全 | |
| 建仁元・八・二三 | 一二〇一 | 甚雨大風、如去十一日、依両度暴風、損亡五穀 | |
| 建永二・七・一九 | 一二〇七 | 大風、御所西対顚倒 | |
| 建保三・八・一八 | 一二一五 | 甚雨、午刻大風、鶴岡八幡宮鳥居（前浜）顚倒 | |
| 建保五・九・四 | 一二一七 | 雨降、午刻大風、御所東西廊以下鎌倉中舎屋大略顚倒 | |
| 承久元・一一・二一 | 一二一九 | 寅刻大風、巳刻風休止之後、相州新造亭顚倒 | |
| 承久二・七・三〇 | 一二二〇 | 辰刻風雨尤甚、鎌倉中人家、或為風顚倒、或為依水流失 | |
| 安貞二・一〇・七 | 一二二八 | 大風、御所侍・中門廊、竹御所侍等皆以顚倒、其外諸亭破損不可勝計也、抜其梁棟、吹棄于路次、往反之類、為之少々被打殺 | |
| 寛喜元・八・一七 | 一二二九 | 暴風甚雨、巳刻休止、稲花悉枯云々 | |
| 寛喜二・八・八 | 一二三〇 | 甚雨大風、及夜半休止、草木葉枯、偏如冬気、稼穀皆損亡 | |

| | | | |
|---|---|---|---|
| 寛喜二・九・八 | 一二三〇 | 大風殊甚、御所中已下人家、多以破損顚倒 | |
| 貞永元・六・七 | 一二三二 | 入夜大風、人屋破損、藤内左衛門尉定員小町口家自桁吹抜之、在二町余之外云々 | |
| 嘉禎四・三・二三 | 一二三八 | 大風、人屋皆破損、庭樹悉吹折る | |
| 宝治元・九・一 | 一二四七 | 大風、仏閣人家多以顚倒破損云々 | |
| 宝治元・九・二 | 一二四七 | 大風猶不休、樹木皆吹抜云々 | |
| 建長三・三・六 | 一二五一 | 六日ヨリ至于廿三日、大雨大風、若宮小宮後崩、木一二本倒、松童社逆倒、高良社向西、荏柄社向東 | 『鶴岡社務記録』 |
| 建長六・五・九 | 一二五四 | 政所文書辻風虚空吹上、不知行方、珍事也 | 『鶴岡社務記録』 |
| 建長六・七・一 | 一二五四 | 甚雨暴風、人屋顚倒、稼穀損亡、古老云廿年以来無如此大風云々 | |
| 正嘉二・八・一 | 一二五八 | 暴風烈吹、甚雨如沃、昏黒天顔快晴、諸国田園悉以損亡云々 | |
| 文応元・八・五 | 一二六〇 | 甚雨、申刻大風、人屋多以破損 | |
| 弘長三・八・一四 | 一二六三 | 大風抜樹、民屋大略無全所、御所西侍顚倒、棟梁桁等吹抜之、亦由比浜着岸船数十艘破損漂没 | |
| 弘長三・八・二七 | 一二六三 | 入夜大風、由比浦船舶没波、死人寄汀、彼是不可勝計 | |
| 文永一一・四・一二 | 一二七四 | 大風、草木枯槁 | 『鎌倉年代記裏書』 |
| 建武二・八・三 | 一三三五 | 大風吹いて、家々を吹き破りけるあひだ、天災を遁れんとて、大仏殿の中に逃げ入り、各身を縮めて居たりけるに、大仏殿の棟梁、微塵に折れて倒れけるあひだ、その内に集まり居たる軍兵ども五百余人、一人も残らず圧にうてて死にけり | 『太平記』 |

| 年月日 | 西暦 | 記事 | 出典（空欄はすべて『吾妻鏡』） |
|---|---|---|---|
| 暦応二・八・六 | 一三三九 | 大風雨、所々山木崩倒了 | 『鶴岡社務記録』 |
| 延文五・八・三 | 一三六〇 | 大風、極楽寺二王堂顛倒 | 『鎌倉大日記』 |
| 応安二・九・三 | 一三六九 | 大風、鎌倉大仏殿顛倒 | 『鎌倉大日記』 |
| 応安三・九・二〇 | 一三七〇 | 大風俄作、人畜驚散、余急叫僧奴、作防風之計、相陽城中、鎌倉諸谷、無一不破壊摧折者、土人圧死者往々有焉、然独吾山中殿宇房舎（瑞泉寺）、総無損傷者 | 『空華日用工夫略集』 |
| 寛正六・閏二・二四 | 一四六五 | 大風雨、鶴岡八幡宮宝殿崩倒 | 『鎌倉大日記』 |
| 応仁二・八・四 | 一四六八 | 大風、寿福寺十三重塔、極楽寺十三重塔倒。寺社民家破損不知数 | 『鎌倉大日記』 |
| 明応六・九・六 | 一四九七 | 大風雨、大木吹折、社壇顛倒 | 『鎌倉大日記』 |
| 天文九・八・一一 | 一五四〇 | 大風吹、社頭山之木并四十本計吹倒、大木之梢吹折、社中ニ充満、雖然楼門・拝殿之上ニハ不懸、其当乱満惣而武相之間草木悉損了、建長寺惣門倒、正統庵滅却、宝泉庵、向上庵、鹿山庵、大都吹倒畢 | 『快元僧都記』 |

風害の予防という点では、火災と同じく陰陽道による祭祀がしばしば行われた。風伯《ふうはく》（風の神）の祭り、「風伯祭」というのがそれである。本来は京都で行われていたものであるが、京都ではそれほど頻繁には見られず、また雷公《らいこう》祭とセットにして「雷公風伯祭」として行われるのが通例であり、風伯祭単独で行うのは関東流かと思われる。鎌倉で初めて風伯祭が行われた際の記事が次の『吾妻鏡』

寛喜三年（一二三一）六月十五日条である。

由比浦の鳥居前において、風伯祭を行わる。前大膳亮《さきのだいぜんのすけ》泰貞《やすさだ》朝臣《あそん》これを奉仕す。祭文は法橋《ほつきよう》円全《えんぜん》、仰せを奉りこれを草す。これ関東において、その例なしといえども、去月中旬のころより、南風頻りに吹き、日夜休止せず。かの御祈のため、武州これを申し行わしめ給う。将軍家御使は色部進《いろべのしん》平内《へいない》と云々。武州御使は神山《かみやま》弥三郎《やさぶろう》義茂《よししげ》なり。今年京都において。この御祭を行わるるの由、その聞こえあり。在親《ありちか》朝臣勤行すと云々。

図 14　現在の由比ヶ浜の鳥居

一月ほど前から日夜南風が止まないため、京都で行われたことに倣って、由比《ゆい》ヶ浜《がはま》の鳥居の前において関東で初めて風伯祭を執行したことが記されている（図14）。ちなみに、『吾妻鏡』の翌日条によれば、翌日には風はおさまったという。風伯祭の効果があったと認められたわけであり、この寛喜の例が先例として以後も重んじられたことは、次の『吾妻鏡』正嘉元年（一二五七）七月十三日条によっても明らかである。

前浜の鳥居辺りにおいて、寛喜の例に任せ、風伯祭を行わる。天文博士為親朝臣《ためちか》〈束帯〉これを奉仕す。御使は足立左衛門大夫〈布衣〉、祭文の草は給料広範、清書は左大臣法印厳恵《げんえ》。これ天下豊稔のための御祈祷なり。

「寛喜の例」にしたがって、場所も同じ由比ヶ浜の鳥居近くで風伯祭が行われているのである。ただし、「天下豊稔」のためということになっており、風害を中心としつつも、より広い範囲での災害防止が祈祷されているといえよう。実は、風伯祭はそもそも大風を鎮め天下豊饒を祈願するための祭りであり、寛喜の飢饉《ききん》を契機として関東にもたらされたことが指摘されている〔大澤二〇〇八、赤澤二〇一七〕。

このほか、天災一般に対しても「天地災変祭」という陰陽道の祭祀が行われた。この祭祀は、平安時代には執行例が少なく、鎌倉幕府が頻繁に行ったものという〔村山一九八一〕。幕府が、陰陽道による防災祈祷を積極的に行った様子がわかる。

幕府では、風害や水害の際の、迅速な復旧をめぐる議論もなされていた。『吾妻鏡』安貞二年（一二二八）十月八日条によれば、幕府の会議で「大風洪水の時に転倒した建物の修復は、吉日を選ばずにただちに始めるのが一般的だ」という意見が出されている。風害だけではなく水害も含めての議論であるが、災害からの一刻も早い復旧が、幕府においても重要な課題となっていたことをうかがわせる。

現代においても、台風の暴風による風害がしばしば見られるが、有効な対策がほとんどなかった中世鎌倉においては風の害はより深刻な影響を与えるものであったのである。

## 5　開発と領主

中世鎌倉を例にとって都市の災害を見てきたが、浮かび上がってきたことは、「都市化」というものが必然的に災害をもたらす、ということである。具体的には、水辺近くに居住することにより水害が発生し、住居の密集化が火災拡大の原因となるのである。都市的な機能に適した場所が、まさに災害を受けやすい場所である、というような言い方もできよう。

「災害」概念自体がそもそも人間側に主眼があるので、都市が自然環境から被害を受けるようなイメージがあるが、環境学の立場からは、都市活動は逆に自然環境に対して「環境負荷」と呼ばれるさまざまな影響を及ぼすということになる〔花木二〇〇四〕。現代都市に関しての叙述ではあるが、地震・台風などの自然現象が大規模な被害をもたらす背景に、開発に伴う自然破壊が大きな媒介項として存在することが指摘されている〔塩崎二〇〇五〕。これは、中世都市にもあてはまると思われ、宅地開発による山崩れ、流路変更による水害、人家密集による火災拡大などがその例としてあげられる。

もう一つ浮かび上がってきたことは、防災における都市領主のイニシアチブ、という点である。中世鎌倉に関しては、幕府がそれにあたり、開発主体でもあり、防災への責務も負っていたと思われる。

ただし、その限界も明らかで、大路側溝などは、おそらくは御所をはじめとした有力者の邸宅前などに重点があったと考えられる。御家人らに側溝工事を分担したと思われる人名木簡が出土しているが、御所・北条氏邸の周囲の溝ゆえに御家人等に賦課されたのではなかろうか。北条小町邸脇の若宮大路側溝から工事分担の人名木簡が出土している〔馬淵一九九六〕が、これは得宗被官に宛てられた可能性が高い〔松吉二〇〇二〕。大路側溝ではなく、御所もしくは北条氏邸の区画溝と思われる溝（宇《う》都宮辻子《つのみやずし》幕府跡）からも、工事割り当ての木簡が出土している〔秋山二〇〇六、原一九九九〕。したがって、幕府および北条氏関係の溝の整備に関してのみ、幕府のイニシアチブが発揮されたのではなかろうか。若宮大路側溝のような木組み構造を持つ溝の存在箇所は、限定的である〔手塚一九九四〕という事実も、それを裏付けるであろう。

防火の際も、民家を破壊して御所等への延焼を防ぐことが行われており、都市領主として都市全域を保全するという意識は薄いといいえる。

最後に、論じ残した点として、周辺地域との関係があげられる。風水害は当然ながら都市近郊の村落における生産活動にも打撃を与えるもので、地域全体のダメージとなるものである。幕府が風伯祭を行うのも、東国の政権として地域全体の安穏を祈祷するためであったろう。災害の問題を都市のみに限定して論ずるだけでは不十分であり、都市の問題は周辺地域との関係を視野に入れて論じなければばならないという、当たり前といえば当たり前のことを指摘して終わりにしたい。

【参考文献】

赤澤春彦　二〇一七年「中世都市鎌倉の災害と疾病」安田政彦編『生活と文化の歴史学8　自然災害と疾病』竹林舎
秋山哲雄　二〇〇六年「鎌倉中心部の形成とその構造」『北条氏権力と都市鎌倉』吉川弘文館
石井　進　一九八五年「鎌倉から出土した最初の木簡」『日本歴史』四四九号
市村高男　二〇一五年「古代中世における自然大災害と社会の転換—復旧・復興過程に着目した視点の提示—」荒武賢一朗他編『日本史学のフロンティア2　列島の社会を問い直す』法政大学出版局
伊藤　毅　二〇〇三年「都市史のなかの災害」『都市の空間史』吉川弘文館
上本進二　二〇〇四年「鎌倉の地形発達史」『国立歴史民俗博物館研究報告』一一八号
大熊　孝　二〇〇七年『増補　洪水と治水の河川史　水害の制圧から受容へ』平凡社
大河内勉　一九九四年「都市鎌倉における石材利用の実態と動向—考古成果にみる土木・建築用材の消費について—」『中世都市研究』三号
大澤　泉　二〇〇八年「鎌倉期の雷公風伯祭について」海老澤衷先生の還暦を祝う会編『懸樋抄』同会
大三輪龍彦　一九八九年「鎌倉を襲った災害」石井進・大三輪龍彦編『よみがえる中世3　武士の都鎌倉』平凡社
小沢詠美子　一九九八年『災害都市江戸と地下室』吉川弘文館
河野眞知郎　一九八九年「砂に残る地震の爪痕」石井進・大三輪龍彦編『よみがえる中世3　武士の都鎌倉』平凡社

河野眞知郎　一九九四年「武家屋敷と町屋―中世都市鎌倉の展開―」鎌倉考古学研究所編『中世都市鎌倉を掘る』日本ェディタースクール出版部
河野眞知郎　一九九五年『中世都市鎌倉　遺跡が語る武士の都』講談社
河野眞知郎　二〇〇七年「中世都市鎌倉の環境―地形改変と都市化を考える―」『年報　人類文化研究のための非文字資料の体系化』四号
北原糸子　二〇〇六年「災害と復興」同編『日本災害史』吉川弘文館
北村優季　二〇一二年『平安京の災害史―都市の危機と再生―』吉川弘文館
紀谷文樹・中村良夫・石川忠晴編　一九九二年『都市をめぐる水の話』井上書院
古泉　弘「災害痕跡の検出」二〇〇一年a江戸遺跡研究会編『図説江戸考古学研究事典』柏書房
古泉　弘「地下室」二〇〇一年b江戸遺跡研究会編『図説江戸考古学研究事典』柏書房
斎木秀雄　一九八七年『御成町一二八番二他地点遺跡　片岡ビル建設に伴う埋蔵文化財発掘調査報告書』千葉地東遺跡発掘調査団
斎木秀雄　一九八九年a「川の発掘」石井進・大三輪龍彦編『よみがえる中世3　武士の都鎌倉』平凡社
斎木秀雄　一九八九年b「溝の流れが語る地形と町割」石井進・大三輪龍彦編『よみがえる中世3　武士の都鎌倉』平凡社
斎木秀雄　一九九四年「いわゆる「浜地」の成立と展開」鎌倉考古学研究所編『中世都市鎌倉を掘る』日本ェディタースクール出版部
斎木秀雄・降矢順子　二〇〇〇年「若宮大路周辺遺跡群の調査」鎌倉考古学研究所編『第10回鎌倉市遺跡調査・研究発表会　発表要旨』

笹本正治　二〇〇三年「災害史研究の視点」『災害文化史の研究』高志書院
佐藤仁彦　一九九四年「若宮大路周辺遺跡群（No.242）小町一丁目三二五番イ外地点」鎌倉市教育委員会編『鎌倉市埋蔵文化財緊急調査報告書10　第3分冊』
塩崎賢明　二〇〇五年「環境・災害リスクと都市生活」植田和弘他編『岩波講座　都市の再生を考える5　都市のアメニティとエコロジー』岩波書店
宗臺秀明　一九九六年「中世都市と排水施設」『日本考古学』三号
宗臺秀明・原廣志　一九九六年『横小路周辺遺跡　二階堂字横小路一一〇番三地点』横小路周辺遺跡発掘調査団
白川宗源　二〇一七年「建長寺所蔵「建長寺境内絵図」に関する覚書」『古文書研究』八二号
末次忠司　二〇〇五年『河川の科学』ナツメ社
鈴木弘太　二〇〇六年「中世『竪穴建物』の検討―都市鎌倉を中心として―」『日本考古学』二一号
高橋一樹　二〇一三年「日本中世の政権都市における震災」『歴史評論』七六〇号
高橋慎一朗　二〇〇六年「中世鎌倉の橋」『新・文献と遺跡』一号（本書Ⅰ－四）
高橋慎一朗　二〇一二年『武士の掟―「道」をめぐる鎌倉・戦国武士たちのもうひとつの戦い―』新人物往来社
高橋康夫　一九八八年『洛中洛外　環境文化の中世史』平凡社
田邉能久　二〇一六年「建長寺の秘密」高井正俊監修『建長寺―そのすべて』かまくら春秋社
手塚直樹　一九九四年「中世都市鎌倉の成立」鎌倉考古学研究所編『中世都市鎌倉を掘る』日本エディタースクール出版部

西山良平　二〇〇四年「平安京の火事と〈都市〉住人」『都市平安京』京都大学学術出版会
服部実喜　一九八六年『千葉地東遺跡　鎌倉県税事務所建設工事にともなう鎌倉市御成町所在遺跡の調査』神奈川県立埋蔵文化財センター
花木啓祐　二〇〇四年『環境学入門10　都市環境論』岩波書店
原　廣志　一九九九年「神奈川・宇津宮辻子幕府跡」『木簡研究』二一号
福島金治　二〇〇四年「災害より見た中世鎌倉の町」『国立歴史民俗博物館研究報告』一一八号
藤木久志編　二〇〇七年『日本中世気象災害史年表稿』高志書院
保立道久　二〇一二年『歴史のなかの大地動乱―奈良・平安の地震と天皇―』岩波書店
松吉大樹　二〇〇二年「鎌倉・北条小町邸跡（泰時・時頼邸）雪ノ下一丁目三七七番七地点出土の人名木簡についての考察」『鶴見考古』二号
松吉大樹　二〇一三年「鎌倉災害略年表」『鎌倉考古学研究所第3回シンポジウム　考古学からみた鎌倉の災害　発表資料集』鎌倉考古学研究所
馬淵和雄　一九八四年「中世鎌倉若宮大路側溝出土の木簡」『日本歴史』四三九号
馬淵和雄　一九九四年「武士の都鎌倉―その成立と構想をめぐって」網野善彦・石井進編『都市鎌倉と坂東の海に暮らす』新人物往来社
馬淵和雄　一九九六年「北条小町邸跡（泰時・時頼邸）No.282　雪ノ下一丁目三七七番七地点」鎌倉市教育委員会編『鎌倉市埋蔵文化財緊急調査報告書12　第2分冊』
馬淵和雄　二〇〇二年「中世鎌倉における谷戸開発のある側面」『鎌倉』六九号
三浦勝男　一九八一年「鎌倉の災害」『神奈川県史　通史編1』

水野章二　二〇〇六年「中世の災害」北原糸子編『日本災害史』吉川弘文館
南出眞助　二〇〇四年「鎌倉滑川河道の再検討」『国立歴史民俗博物館研究報告』一一八号
峰岸純夫　二〇〇一年『中世　災害・戦乱の社会史』吉川弘文館
村山修一　一九八一年『日本陰陽道史総説』塙書房
盛本昌広　一九九四年「鎌倉の明かり」『神奈川地域史研究』一二号
矢田俊文　二〇〇九年『中世の巨大地震』吉川弘文館
矢田俊文　二〇一〇年『地震と中世の流通』高志書院
山口正紀　二〇一六年「鎌倉の災害痕跡—発掘調査事例からみられる火災・人災」『神奈川考古』五二号
山崎憲治　一九九四年『都市型水害と過疎地の水害』築地書館

# 三　鎌倉を襲った中世の大地震

## 1　三つの大地震

中世の鎌倉は、地震をはじめ、火災・水害・風害などのさまざまな災害に見舞われていた。なかでも、大地震による災害は、津波・火災・山崩れを伴う複合的なものであり、その被害の甚大さは、近年たて続けに大震災を経験している現代日本の我々にとっても、容易に想像できる。中世の鎌倉を襲った数々の地震については、諸先学の労苦によって集成された年表・データベースや資料集によってその存在を確認することができる〔文部省震災予防評議会編一九四一、宇佐美編一九八七、古代中世地震史料研究会二〇〇九〕。本章では、特に影響の大きかった三つの大地震、すなわち鎌倉時代の正嘉地震・正応地震、室町時代の明応地震に対象を絞って、関連する文献史料を提示して実態を探るとともに、幕府の対応や社会への影響などにも言及したい。

## 2　正嘉の大地震

最初に取り上げるのは、正嘉元年（康元二年、一二五七）に起きた正嘉の大地震である。以下、この地震を伝える中世史料を、おおよそ史料の成立年代順に列挙する。

1『吾妻鏡』（鎌倉末期成立）八月二十三日条
晴れ。戌剋大地震。音あり。神社仏閣一宇にして全きなし。山岳頽崩し、人屋顚倒す。築地皆悉破損す。所々地裂け、水涌出す。中下馬橋辺り地裂け破れ、その中より火炎燃出す。色青と云々。

2『鎌倉年代記裏書』（鎌倉末期成立）八月二十三日条
大地震。

3『関東評定衆伝』（鎌倉末期成立か）八月二十三日条
大地震。

4『建長寺年代記』（室町期成立）八月二十三日条
戌時大地震、地破れ、水涌出す。

5『如是院年代記』（室町期成立）八月二十四日条
大地震。

図15　現在の中ノ下馬橋付近（二の鳥居）

6『和漢合符』（室町期成立）八月二十四日条
　大地震。

史料の成立年代が古い1・2・3が八月二十三日のこととして記すのに対して、成立が新しい5・6は二十四日のこととしている。おそらくは、5・6の編纂時に起きた錯誤、もしくは誤写で、二十三日が正確な発生日であろう。

2・3・5・6はいずれも「大地震」と記すのみであるが、1には詳細な記事が見られる。その内容は、「戌刻（午後八時ごろ）に大地震が起きた。大きな音が鳴り、神社仏閣で破損を免れたものは一つもなかった。山が崩れ、住居が倒壊した。築地塀《ついじべい》はことごとく破損し、ところどころで地面に亀裂が生じ、水が湧き出した。中《なか》の下馬橋《げばばし》付近（図15）では地が裂け、その中から青い火炎が噴き出したという」というものであった。死傷者などの人的被害の記載はないが、中の下馬橋付近での青い火炎の噴出という天然ガスの噴出を思わせる記述もあり、被害の状況をかなりリアルに伝えている。

地震後の幕府の対応については、『吾妻鏡』に次のような記載がある。

八月二十五日条

雨降る。地震小動五六度。筑前次郎左衛門尉行頼《ゆきより》奉行として、地震により御祈祷致すべきの由、御持僧ならびに陰陽道の輩に仰せ下さる。

九月四日条

小雨降る。申剋地震。去月二十三日大動以後、今に至り小動休止せず。これにより、為親《ためちか》朝臣天地災変祭を奉仕す。御使は伊賀前司朝行《ともゆき》と云々。

これらより、僧侶や陰陽師に祈祷や祭祀が命じられていることがわかる。しかし、地震後の祈祷という対応は、必然的なものではなかった。地震についての陰陽師の判断によっては、地震が吉兆とされることもあったのである。実際、正嘉元年の大地震の少し前、同年五月十八日には、前震とも思われる大地震があったが、陰陽師のうち七人が「悪」、一人が「吉」と幕府に返答して判断が割れたため、結局祈祷は命じられなかった（『吾妻鏡』同日条）。このように、地震の吉凶の判断は、陰陽師らの支配するところであったが、比重としては凶兆と捉える傾向が強かったようである（湯浅二〇〇八）。

『吾妻鏡』の九月二十四日条には、地震により損壊した将軍御所の築地塀を、十月一日の大慈寺供養の前に修復するかについて、評議がなされたことが記されている。

地震により、御所南方・東方の築地壊るるなり。来月一日大慈寺供養以前に、築地せらるべきや否や、その沙汰あり。陰陽師を召し、方忌みの事を問わる。その間、かの輩条々相論あり。為親、広資等申して云わく、南は御遊年方、辰の外は憚りなし。東は大将軍遊行の間、修補せらるるに憚りなし。本文・先例に分明なりと云々。晴賢《はるかた》、晴茂《はるしげ》、晴憲《はるのり》、以平《もちひら》、文元《ふみあき》等申して云わく、これ已《すで》に大破なり。根より築き上ぐべきの間、大犯土たるべし。大少を論ぜず憚りあるべしと云々。また光栄《みつひで》、有行《ありゆき》、泰親《やすちか》等朝臣の勘文を進《まい》らすに、泰親去る保元造内裏の時の築垣は、大将軍遊行の間、修理せらるべきの由、これを載す。しかるに以平申して云わく、往代の例は用いられず。近来憚るべきの旨、口伝ありと云々。奥州、武州、前武州、出羽前司等評議あり。修復の儀を止めらる。

右の記事によると、陰陽師が召し出されて意見を聴取したところ、修理を可とする者と否とする者があり、最終的には執権北条長時《ほうじょうながとき》・連署北条政村《まさむら》らの評議により、しばらくは修復しないことに決定している。この事例より、地震からの復興事業についても、まずは陰陽師の意見が参考とされていることがわかる。

ところで、八月の大地震は凶兆と判断されたからこそ、祈祷が行われたものと思われるが、吉兆との受け止め方もあった。建長寺の開山・蘭渓道隆《らんけいどうりゅう》が、地震の翌日に行ったと推定される説法の内容を、『大覚禅師語録　巻上』所収の「地震に因《よ》る上堂」という法語によって知ることができる。その内容は、若し人、本源に見徹せば、大地悉皆震動す。昨夜建長拄杖子《しゅじょうし》、等正覚《とうしょうがく》を成ず。直に得たり、六十八州山川草木、美欣欣とし閙閧閧《どうこうこう》たることを。八幡菩薩、若宮王子を引得し、聚頭談論して云わく、今より以後、兵器戈矛《かぼう》、また拈弄《ねんろう》せず。四海晏清《あんせい》にして、万邦入貢せん、と。

すなわち「この地震は建長寺の杖が悟りを得たことによるもので、感じ入った八幡大菩薩と若宮たちが集まって、これからは天下が平穏になるだろうと語った」というものであり、人心の動揺を鎮めるために行った説法と考えられる〔菅原二〇〇九〕。

そもそも、仏教経典では、地震は仏や高僧の力によって引き起こされる吉兆と見なされていたという〔鎌倉国宝館二〇一五〕。地震を吉兆とみる思考は、現代人にはなかなか理解しがたいが、のちに見る正応や明応の大地震のように、死者が多数出たと伝えられるような場合は、やはり吉兆との受け止め方はなかったようである。それに対して、正嘉の場合には、1〜6の史料には人的被害の記述がなく、あるいは死傷者がほとんど出なかったために、吉兆との受け止め方も可能であったのかもしれない。

また、正嘉の大地震は、当時鎌倉に拠点を置いて活動していた日蓮《にちれん》に、多大な影響を与えたことでも知られている。のちに日蓮自身が記した書状（文永五年〈一二六八〉四月五日日蓮書状、『鎌倉遺文』九九一一号）には、次のように記される。

正嘉元年〈太歳丁巳〉八月二十三日戊亥時、前代を超す大地振(震)、同二年戊午八月一日大風、同三

年己未大飢饉、正元元年己未大疫病、同二年庚申四季にわたる大疫やまず、万民既に大半を超え死を招きおわんぬ。しかる間、国主これに驚き、内・外典に仰せ付け、種々御祈祷あり。しかるといえども一分の験なく、還りて飢疫等増長す。日蓮世間の体を見、あらあら一切経を勘じ、御祈請の験なく、還りて増長凶悪の由、道理文証これを得おわんぬ。終《つい》にやむなく勘文一通を造作し、その名を立正安国論と号し、文応元年庚申七月十六日辰時、屋戸野入道に付し、古(故)最明寺入道殿に奏し進らしおわんぬ。

すなわち、正嘉の大地震は前代未聞のものであり、これに続くさまざまな災厄が契機となって、『立正安国論《りつしょうあんこくろん》』を著し北条時頼《ときより》に進呈することになったという。

同じく文永八年十一月二十三日の日蓮書状（『鎌倉遺文』一〇九一九号）にも、

去る正嘉の大地震、前代未聞の大瑞なり。神世十二・人王九十代、仏滅後二千二百余年、未曽有の大瑞なり。

と記されており、正嘉の大地震が歴史上において最大級の災厄であると、日蓮が認識していたことを示している。

『立正安国論』著述の契機となった事件であったため、後世の日蓮教団においても、この大地震のことは重要視されることになったと思われる。たとえば、室町時代成立の日蓮の伝記絵巻『日蓮聖人註画讃』（本圀寺本）では、正嘉の大地震の場面が克明に描かれている（鎌倉国宝館二〇一五）（図16）。

**図16　『日蓮聖人註画讃』に見る正嘉の大地震**（京都市・本圀寺蔵）

## 3　正応の大地震

次に取り上げるのは、正応六年（永仁元年、一二九三）の大地震である。当時、京都醍醐寺《だいごじ》地蔵院の僧・親玄《しんけん》が、鎌倉に下向して滞在中であり、リアルタイムでの日記が残され、貴重な史料となっている。この『親玄僧正日記』を中心に、関連史料を以下に掲げる。

1『親玄僧正日記』四月十三日条

卯時大地震。先代未曽有の大珍事、治承より以降その例なしと云々。堂捨（舎）人詫（宅）悉く顚倒、上下死去の輩、幾千人を知らず。同時に建長寺炎上、道隆禅師影堂の外、一宇として残らずと云々。

2同右、十四日条

猶小地震。時々刻々間断なし。今日より愛染王護摩《あいぜんおうごま》これを始む。この珍事により御祈始行せらるるの由なり。今日行剣《ぎようけん》浜辺を遊覧、死人鳥居の辺り百四十人の由、人これを申すと云々。

3同右、十五日条
辰時内六ヶ度。

4同右、十六日条
時々刻々、地震間断なし。

5同右、十七日条
卯時地震以てのほか久し。殿中において大北斗《だいほくと》法勤修《ほうごんしゅ》と云々。午半刻許りに又地震猶超過しおわんぬ。

6同右、十八日条
地震時々、興盛ならず。

7同右、十九日条
辰時小地震。酉時又々地震以てのほかなり。十三日以後はこの震動以てのほかなり。戌時また震おわんぬ。

8同右、二十日条
夜に入り地震猶以てのほかなり。

9同右、二十一日条

卯時又地震。十三日以後今日震動は打ち任せ、大震動と称すべし。

10『実躬《さねみ》卿記』十二日条

暁天に及び地宸（震）。

11 同右、二十四日条

去る十三日暁、関東大地震。数刻に及ぶの間、将軍御所ならびに若宮より始めて、在家民屋等に至り、多く以て破損す。人又多く死去の由風聞す。山岸等又散々、およそ言語の及ぶところにあらずと云々。先代未聞の珍事なり。元暦元年歟、かくのごとき事ある歟。およそ不可説不可説と云々。建長寺顚倒、火出来によって焼失と云々。

12『見聞私記』（『続群書類従』）四月十二日条

卯時大地震。諸堂坊舎諸社悉く顚倒しおわんぬ。谷々人民死亡す。

13『神明鏡《しんめいきょう》』（『続群書類従』）四月十三日条

大地震。鎌倉中ノ山々崩、打殺サル者二千五百余人ト云リ。

14『鎌倉年代記裏書』　正応六年四月十三日条

寅刻、大地震。山頽《やまくず》れ、人家多く顚倒す。死者その数を知らず。大慈寺丈六堂以下埋没、寿福寺顚倒。巨福山《こふくさん》顚倒、すなわち炎上す。所々顚倒、称計するにいとまあらず。死人二万三千二十四人と云々。

15『武家年代記裏書』 正応六年四月十三日条
寅刻、大地振(震)。山頽れ、人屋顚倒す。死人二万三千三十四人と云々。関東分なり。大慈寺顚倒と云々。同日建長寺炎上。

16『鎌倉大日記』（南北朝期〜室町期成立）正応五年四月十二日条
大地震。打ち殺さる者一千七百余人。

17同右、正応六年四月十二日条
大地震。建長寺地震により顚倒す。あまつさえ一時に焼く。

18『阿府志』巻第一六（東京大学史料編纂所架蔵謄写本。赤堀良亮編、宝暦〜天明成立）永仁元年（一二九三）四月条
鎌倉大地震。死スル者一万人ニ及フ。

19『建長寺年代記』永仁元年四月十三日条
大地震。同日夜建長寺炎上。
（頭注）四月ニ大地震。鎌倉中死スル者一万余人。

20『如是院《にょぜいん》年代記』永仁元年四月十三日条
地震于鎌倉。

21『倭漢合運指掌図《わかんごううんししょうず》』永仁元年条（元文改正の版本による。初版は元禄七か）

四月鎌倉大地震。死スル者二万余人。

さらに、明確な年代の記述はないものの、鎌倉末期成立の説話集『雑談集《ぞうたんしゅう》』「読経徳之事」に、「先年ノ鎌倉ノ地震ニ無量寿院ト云寺ニ山崩、僧堂ウチ埋タリケル」と、甘縄《あまなわ》無量寿院（現在は廃絶）の被害を記したくだりがあり（図17）、これは正応の大地震のことである〔福島二〇〇二〕。

**図17　発掘された無量寿院の池の跡**（『鎌倉の埋蔵文化財』7，鎌倉市教育委員会より）

史料から判明する被害の特性としては、山・谷の崩壊による被害が顕著であるという点であり、これは鎌倉の地震災害の一般的特徴でもあった〔福島二〇〇四、高橋一樹二〇一三〕。

1〜9の記述からわかるように、地震発生の四月十三日〜二十一日までの九日間、連日地震が発生している。10の記事はきわめて簡略なため、伝聞情報による可能性もあるが、京都でもこの大地震が体感された可能性がある。

かなりの死者が出たことも各史料からわかるが、その正確な数は知ることが難しい。もっとも信頼性が高いと思われる『親玄僧正日記』の1には、「幾千人」との語が見え、同じく2では、浜の鳥居周辺で「百四十人」の死者があった、との伝聞を載せている。これが後世の編纂史料になると人数がかなり膨らんだり、妙に細かい数字が示されたりしている上に、数はまちまちである。たとえば、13では「二千五百余人」、14では「二万三千二十四人」、16では「一千七百余人」、19では「二万余人」、といった具合である。もちろん、それぞれの根拠を知ることはできない。

いっぽう、地震後の幕府の対応を見てみると、先行研究が指摘するように、『親玄僧正日記』五月一日条に「今日より辻固等退散云々」とあることから、地震直後には辻を御家人等に警備させて治安維持をはかっていたことがわかる〔福島二〇〇四〕。また、2・5に記されているように、得宗北条貞《さだ》時《とき》によって、地震を鎮めるための祈祷が命じられたこともわかる。

この地震直後の四月二十二日には、得宗被官の最有力者・平頼綱《たいらのよりつな》が北条貞時に討伐されるという幕府の内乱（平禅門《へいぜんもん》の乱）が発生している。この事件は、大地震による世情不安と関連しており、「一種の集団ヒステリー状況のなかの極度の疑心暗鬼」による、貞時の先制的軍事発動が原因と考えられている〔峰岸二〇〇一〕。

正応の大地震については、高橋一樹氏による多角的視点からの研究があるが、それによれば、武家政権における政争と地震が結びついた事例として京都の貴族社会にも深く記憶され、『花園天皇日記』正和六年（一三一七）正月五日条裏書に正応の関東大地震が触れられている、ということが指摘されている〔高橋一樹二〇一三〕。そして、この関東大地震を理由の一つとして、八月五日には永仁への改元が行われており、影響の大きさがうかがわれる。

地震後には、鶴岡《つるがおか》八幡宮・建長寺・円覚寺《えんがくじ》などの大寺社を中心として、徐々に建物の復興が行われたことが、諸史料から確かめられる〔浪川二〇一三〕。二階堂にあった幕府の文庫についても、文庫に収蔵されていた裁判記録の残存状況から、地震後ほどなくして永仁四年（一二九六）ごろまでには再建されたことが推測されるという〔高橋一樹二〇一三〕。

発掘調査の成果によれば、長谷小路周辺遺跡（由比ガ浜三丁目一九四番四〇地点）で確認された噴砂《ふんさ》痕《こん》（液状化した地盤の裂け目から砂を含んだ水が噴出した痕跡）は、正嘉地震により吹き上がったものと推定され（図18）、円覚寺旧境内遺跡（山ノ内瑞鹿山五〇九番一地点）の地割れ痕も同地震によるものとされている〔山口二〇一六〕。そのほか、三浦半島の小網代《こあじろ》湾でも正応地震の津波堆積物と推測される層が発見されているという〔島崎他二〇〇九〕。

図18　噴砂痕（長谷小路周辺遺跡）（鎌倉市教育委員会蔵）

## 4　明応の大地震

最後に取り上げるのは、室町後期の明応四年（一四九五）の地震である。この地震については、実在性を疑う説もあるが、それについては後ほど詳しく触れることとする。まずは、以下に関連史料を列挙する。

1『お湯殿《ゆどの》の上《うえ》の日記《にっき》』（『続群書類従』）明応四年八月十五日条
地しんゆる。

2『後《ご》法興院《ほうこういん》政家《まさいえ》記《き》』明応四年八月十五日条
酉刻地震。

3『鎌倉大日記』（彰考館本）明応四年八月十五日条
大地震。洪水。鎌倉由比浜海水千度檀に到る。水勢大仏殿堂舎屋を破る。溺死人二百余。

4『倭漢合運指掌図』明応五年条
去年八十五ニ鎌倉大地震。

5『熊野年代記古写』（江戸期成立）明応四年条
鎌倉大地震。

6『異本塔寺八幡宮長帳《いほんとうでらはちまんぐうながちょう》』（江戸期成立）明応七年八月二十五日条

大地震。一日一夜三十度震、鎌倉由井浜海水涌き、大仏殿まで上ル。十三年以来旱潟《ひがた》陸路ト成ル江島《えのしま》、又昔の如く海と成る。

明応七年（一四九八）八月二十五日辰刻（午前八時ごろ）に東海道を中心に大地震があったことは、多くの史料で確認されており、『新編日本被害地震総覧』では、マグニチュード八・二〜八・四の南海地震と想定している。この巨大地震に関しては、いくつかの先行研究があり、とりわけ矢田俊文氏の研究に詳しい〔矢田二〇〇九、同二〇一二a〕。

『鎌倉大日記』には、明応四年の地震記事はあるが、明応七年の地震に関する記事は存在しない。『鎌倉大日記』は、日記とはいうものの、後の時代に編纂された年表風の年代記である。南北朝時代に原形が成立し、室町時代末期にかけて順次書き継がれたものであり、編纂の際に単純な誤りが生じている可能性もある。たとえば、先に見た正応大地震が実際には正応六年のことであるのにもかかわらず、前節史料16・17のように『鎌倉大日記』では正応五年と正応六年とに重複して記載されている。月日が共通しているので、おそらくは単純な配列ミスであろう。

年代記は歴史地震の研究に欠かせない史料ではあるが、史料ごとの性格を見極めた上で慎重に利用することが必要であることは、すでに多くの研究者によって指摘されている〔笹本一〇〇五、田良島二〇〇五、矢田二〇〇九、同二〇一二b〕。実際、『増訂大日本地震史料』などでは、『鎌倉大日記』は明応

図 19　現在の下ノ下馬（下馬四つ角）

七年の地震を誤って四年に記載したものと解釈されている。

いっぽうで、『お湯殿の上の日記』（京都内裏の女房の当番日誌）には、明応七年の地震記事とは別に、1の明応四年の地震記事があり、明応四年に京都で体感できる規模の地震が起きた可能性が高い。2もまた、摂関藤原氏・近衛《このえ》政家《まさいえ》の日記であり、明応四年のリアルタイムでの京都における記事である。地震が明応四年と七年と、両度発生したことは確かであろう。

逆に明応七年の鎌倉での被害を伝える史料は、6の『異本塔寺八幡宮長帳』（内閣文庫蔵）のみである。この史料は会津《あいづ》塔寺《とうでら》八幡宮（福島県会津坂下町）の関係者による、江戸時代の宝暦ごろの記述とみられている（山本一九八九）。6の記述は、『鎌倉大日記』の3の記述と、同記文明十八年（一四八六）条の「相州江島前の海忽《たちま》ち陸となる。明応の地震にまた海となる」を参考にして編纂したものと思われるが、明応七年の地震と混同して記載年を誤ったものであろう。

3の記事をあらためて検討してみると、「千度《せんど》檀《だん》」とは室町期の万里《ばんり》集九《しゅうく》著『梅花《ばいか》無《む》尽蔵《じんぞう》』のなかの鎌倉紀行に見える「千度壇」すなわち段葛《だんかずら》（葛石《かずらいし》を積み一段高く作られた道）のことである。室町時代の絵図・江戸時代の絵などを見ると、若宮大路にかかる下ノ下馬（下馬四つ角）までは段葛が見えていることから、由比ヶ浜の海水が鶴岡八幡宮の下馬四つ角付近（図19）まであがってきた、ということになろう（山本一九八九）。

大仏殿に関しては、同じく『梅花無尽蔵』文明十八年（一四八六）二月二十四日条に、「逢銅大仏、仏長七八丈。腹中空洞、応《まさ》に数百人を容る。背後に穴あり、鞋《わらじ》を脱ぎ入腹す。僉《みな》云わく、この中往々博奕《ばくち》者白昼五白を呼ぶの処なり。堂宇なくして露坐突兀《とっこつ》」とあることから、この当時にはすでに大仏殿そのものは存在しなかった可能性が高い。津波による稲瀬《いなせ》川《がわ》の逆流などにより、大仏に付属する小堂舎が破壊されたと解釈することができよう。

『鎌倉大日記』には一般的には荒唐無稽な記事はなく、とりわけ明応四年の記事を収載する彰考館本という写本の系統は、明応大地震から時間的隔たりの少ない時期に鎌倉周辺在住の者の手によって記されたと推定されており、内容自体の信頼性は高いといえよう（浪川二〇一四、片桐二〇一四、同二〇一八）。

さらに、考古学の成果により、伊豆東海岸の静岡県伊東市宇佐美の遺跡で十五世紀末の津波堆積物層が発見され、明応七年地震のような南海トラフによる地震では伊豆東海岸の津波被害は小さいことから、この津波の痕跡は相模トラフを震源とする明応四年の地震によるものとの指摘がなされている〔金子二〇一二、同二〇一四〕。

以上より、『鎌倉大日記』の、明応四年に鎌倉を津波が襲ったという記事は、一応信頼してよいのではないかと思われる。

なお、発掘調査との関連から述べれば、由比ヶ浜南遺跡（由比ガ浜四丁目一一〇二番一外地点）では津波による堆積が確認され、明応地震の津波によるものと推定される〔山口二〇一六〕。

## 5　地震と文献史料

文献史料の伝える歴史地震の情報は、特に被害者数や発生時刻などの細部の情報において、史料間の精粗の差が大きい。とりわけ、後世の編纂史料においてその傾向が甚だしい。しかし、地震の実在性については、信頼できる複数の史料がそれを伝え、さらに考古資料によって裏付けが取れる場合は、あえてそれを疑う必要はないと思われる。また、地震後の政権の対応や復興の状況、社会への影響については、文献史料が伝えていることが多く、鎌倉のように比較的史料に恵まれている中世都市の災害研究においては、厳密な史料批判を前提とした上で、文献史料を積極的に利用していくことは不可欠といえよう。

【参考文献】

宇佐美龍夫編　一九八七年『新編日本被害地震総覧』東京大学出版会
片桐昭彦　二〇一四年「明応四年の地震と『鎌倉大日記』」『新潟史学』七二号
片桐昭彦　二〇一八年「明応関東地震と年代記―『鎌倉大日記』と『勝山記』―」『災害・復興と資料』一〇号
金子浩之　二〇一二年「宇佐美遺跡検出の津波堆積物と明応四年地震・津波の再評価」『伊東の今・昔　伊東市史研究』一〇号
金子浩之　二〇一四年「津波堆積物と考古資料からみた北条早雲の伊豆・相模進攻戦」小和田哲男先生古稀記念論集刊行会編『戦国武将と城』サンライズ出版
鎌倉国宝館　二〇一五年『特別展　鎌倉震災史―歴史地震と大正関東地震―』同館
笹本正治　二〇〇五年「中世地震史料の問題点」『月刊地球』三一七号
島崎邦彦・金幸隆・千葉崇　二〇〇九年「三浦半島小網代湾干潟の津波堆積物」『歴史地震』二四号
菅原昭英　二〇〇九年「蘭渓道隆の夢語り」広瀬良弘編『禅と地域社会』吉川弘文館
高橋一樹　二〇一三年「日本中世の政権都市における震災」『歴史評論』七六〇号
高橋慎一朗　二〇〇八年「鎌倉と災害」『中世都市研究14　開発と災害』新人物往来社（本書Ｉ―二）
田良島哲　二〇〇五年「地震史料データベース化における史料学的課題―中世の年代記を中心に―」『月刊地球』三一七号
浪川幹夫　二〇一三年「中世鎌倉の烈震と復興―鎌倉時代末期から戦国時代の地震災害と復興の姿―」『鎌倉』一一四号

浪川幹夫　二〇一四年「鎌倉における明応年間の「津波」について」『歴史地震』二九号
福島金治　二〇〇二年「西国の霜月騒動と渋谷氏」『綾瀬市史研究』八号
福島金治　二〇〇四年「災害より見た中世鎌倉の町」『国立歴史民俗博物館研究報告』一一八集
峰岸純夫　二〇〇一年「自然災害と中世の人びと」『中世　災害・戦乱の社会史』吉川弘文館
文部省震災予防評議会編　一九四一年『増訂大日本地震史料　第一巻』鳴鳳社
矢田俊文　二〇〇九年『中世の巨大地震』吉川弘文館
矢田俊文　二〇一二年a「明応地震」北原糸子他編『日本歴史災害事典』吉川弘文館
矢田俊文　二〇一二年b「中世後期の地震と年代記」『東北中世史研究会会報』
山口正紀　二〇一六年「鎌倉の災害痕跡―発掘調査事例からみられる天災・人災―」『神奈川考古』五二号
山本武夫　一九八九年「明応七年（一四九八）の海洋地震―伊豆以東における諸状況」萩原尊禮他『続　古地震―実像と虚像―』東京大学出版会
湯浅吉美　二〇〇八年「『吾妻鏡』に見える地震記事をめぐって―鎌倉武士の地震観―」『埼玉学園大学紀要（人間学部篇）』八号
古代中世地震史料研究会「〔古代・中世〕地震・噴火史料データベース」https://historical.seismology.jp/eshiryodb/

# 四　中世鎌倉の橋

## 1　小規模な橋

中世における交通や道の研究の進展に伴って、陸上交通と水上交通の結節点としての「橋」に注目した研究も、急速に進展している〔藤原一九九七、岡二〇〇一、藤原二〇〇五、藤原編二〇〇五など〕。都市空間と橋との関係から見てみると、一般に日本の中世においては、都市の中央部を大河川が流れている例は京都などを除けば多くはなく、むしろ河川が都市と都市外部との境界線となり、橋が都市の出入り口に位置することが多かった。いわば、橋は都市の内と外を連絡する機能を持つことになる。こうした境界の橋としては、中世都市・越後府中（直江《なおえ》津《つ》。現上越市）の境界となる荒川に架かっていた「おうげの橋」が代表的なものとしてあげられよう〔岩崎一九七八、藤原編二〇〇五〕。

しかし、都市内部にも小規模な河川や溝が存在し、橋が架けられていた例は多い。本章では、中世、とりわけ鎌倉時代の鎌倉を例として、都市内部の橋の実態と機能について述べてみたい。

鎌倉は、武士の政権である鎌倉幕府が置かれた政治都市であり、鎌倉時代の日本の代表的な都市の

図20　若宮大路の下に潜る扇川

一つであった。南は海に面し、北・西・東の三方を山で囲まれ、谷から流れ出る小規模な河川がいくつも海へ注ぎこんでいた。現在は、かなりの部分で暗渠となっているためわかりにくくなってはいるが、それでも鎌倉市内の随所で、小規模河川の痕跡を見ることができる（図20）。

鎌倉には、幕府に仕える多くの武士が居住していたが、彼らの屋敷の周囲には、防御のための「溝」が設けられることが多かった。『吾妻鏡』の安貞三年（一二二九）正月十五日条によれば、将軍御所の西門の前に橋が架かっていたことが知られるが、これも御所を囲む溝に架かっていたものであろう。

鎌倉のメインストリートは、幅三〇㍍の若宮大路であったが、発掘調査の結果、両側には大路に平行する幅三㍍ほどの側溝が流れ、この側溝は護岸のための木組み構造を持っていたことがわかった（馬淵一九八九など）。さらに、若宮大路沿い西側の「北条時房《ほうじょうときふさ》・顕時《あきとき》邸跡」と称される地点や、東側の「北条泰時《やすとき》・時頼《ときより》邸跡」と称される地点からは、屋敷地から側溝を渡って若宮大路へ出る幅一・五メートル前後の橋の跡も発掘されている（馬淵一九八五、宗臺一九九七など）。若宮大路は、鶴岡《つるがおか》八幡宮の正式の参道であり、清浄性を保つために、屋敷は大路に向かって表門を開かないようにしていたと考えられている。しかし、右の事例からは、幕府や北条氏などの屋敷では、例外的に側溝に橋を架けて若宮大路に門を開くことが許されていたと推定される（河野一九九五）。

その他、発掘調査の結果、鎌倉には無数の溝が存在したことが判明している。武士の屋敷をはじめとして、町屋や土地の区画を示すために設けられたり、排水溝として設けられたりして、小規模な河川に合流していたと考えられる（齋木一九八九など）。そうした溝や、小規模な河川には、当然のことながら、その幅に応じた小規模な橋が架かっていたと想定されるのである。

当時の鎌倉の様子が描かれた『一遍聖絵《いっぺんひじりえ》』（清浄光寺蔵）では、町屋の前の小規模な河川、あるいは溝に、大変小規模な橋が架かっている（一六九頁図38参照）。絵画によく見られるデフォルメかもしれないが、同じ『一遍聖絵』に見られる京都の四条橋と比較すれば、鎌倉の橋の小ささ・簡略さは一目瞭然である。

『一遍聖絵』の鎌倉の場面に描かれる橋は、一枚か二枚の板を縦に架けただけの構造で、「板橋」と呼ばれるものである。技術的には、特別な工具を必要とせず、一人での架橋が可能である（阿蘇品一九九五）。また、『蒙古襲来絵詞《もうこしゅうらいえことば》』（宮内庁三の丸尚蔵館蔵）には、有力な武士であった安達泰盛《あだちやすもり》の屋敷の

**図21　安達泰盛屋敷門前に架かる橋（『蒙古襲来絵詞』）**（宮内庁三の丸尚蔵館蔵）

門前に架かる橋が描かれている（図21）。この橋は、板橋よりは複雑な構造を持つ「桁橋《けたばし》」で、横に板を何枚か並べているが、中世の橋の中では略式の小さな橋であることに変わりはない。将軍御所の門前の溝や、若宮大路沿いの屋敷の門前側溝に架けられた橋も、おそらくはこのようなものであったろう。

しかし、中世の街道筋において主役を担っていたのは、数枚の板によって構成される「粗末な橋」だったのであり〔藤原編二〇〇五〕、鎌倉の橋も多くは小規模な橋であったと見なされよう。

室町時代の若宮大路東側の大町《おおまち》付近を描いた『善宝寺寺地図』（光明寺蔵。五四頁図11参照）では、扇川《おうぎがわ》と見られる細い川に架かる橋は、板一枚の簡単な橋であるが、滑川《なめりがわ》に架かる現在の延命寺橋に相当する橋は、何枚かの板を使った桁橋として描かれている。川幅や道の重要性などによって、鎌倉の小規模な橋のあいだでも、造りに差があったことがわかる。いずれの橋も、中世の文献史料では確認できない橋であり、このように偶然絵図に描きこまれた橋以外にも無数の橋が存在したことを示唆している。

現在、鎌倉の海側の東西主要道であり、大町から名越《なごえ》の切通しへ向かう道の、逆川《さかがわ》をわたる地点（安養院と安国論寺の中間）に、「三枚橋」という橋が架かっている。三枚の板を並列に並べて渡しただけの簡素な板橋＝「三枚橋」に因む名称であるという〔藤原二〇〇五〕。鎌倉の三枚橋の呼称は、中世や近世の古い文献では確認できないが、かつて鎌倉の随所に存在した、名もない板橋の系譜を引くものと思われる。

## 2　繁華街の形成

都市内を流れる溝や小河川は、交通路を遮断してしまうことから、必然的に橋の架かる地点が交通の要所となる。橋の周辺には人の流れが集中し、繁華街も形成されることになる。

『吾妻鏡』仁治二年（一二四一）十一月二十九日条は、次のような事件を伝えている。若宮大路に架かる「下《しも》の下馬橋《げばばし》」付近で、有力武士の三浦一族と小山《おやま》一族の喧嘩騒ぎが起こった。ことの起こりは、三浦一族が橋の西側の「好色家」（遊女屋か）で酒宴を開いていたところ、橋の東側の店で同じく酒宴を催していた小山一族の一人が戯れに放った矢が、誤って三浦の人々の座敷に飛び込んでしまったこ

図22　ヨーロッパの橋上店舗（フィレンツェのポンテ・ベッキオ）

とによるという。下の下馬橋付近が都市内でも代表的な遊楽の場となっていたことがうかがわれる。

文永二年（一二六五）には、幕府より、「鎌倉中」の商業地を「大町《おおまち》」「小町《こまち》」以下の七ヵ所に限定して許可し、その他の場所での営業を禁止するという法令が出された。営業を許可された九ヵ所は、当時すでに代表的な商業地となっていた場所と思われるが、その中の一つに「須地賀江橋《すじかえばし》」（筋違橋）があげられている（『吾妻鏡』文永二年三月五日条）。

橋での商業活動といえば、ヨーロッパではフィレンツェのポンテ・ヴェッキオ（図22）や、ヴェネチアのポンテ・ディ・リアルト、パリのポン・ノートル＝ダム、ロンドンのオールド・ロンドン・ブリッジ、エアフルト（ドイツ）のクレーマー・ブリュッケ、などのいわゆる「居住橋」の例、すなわち橋の上に店舗が構えられる事例がよく知られている（マレー一九九九など）。

十二世紀の中国の都市を描いた張擇端《ちょうたくたん》筆の『清明上河図《せいめいじょうかず》』を見ても、虹橋と呼ばれる木組みのアーチ型の橋の上で、常設店舗ではないが、商業活動が行われていたことがわかる（伊原編二〇〇三）。

中世の鎌倉では、橋の規模から考えて、橋上での常設店舗による商業活動はほとんど不可能と思われ、橋上では臨時の営業が行われ、橋の周辺に本格的な商業地が形成されたと思われる。

若宮大路に架かる「中《なか》の下馬橋」や「下の下馬橋」付近では、しばしば火災が発生しており（『吾妻鏡』建長五年〈一二五三〉十二月八日条など）、橋の周辺に人家が密集していたことの傍証となるであろう。

ところで、室町時代の京都の四条橋の東のたもとでは、寺社の貲金調達のため、往来の人々から募金を柄杓《ひしやく》で受け取る「杓ふり」と呼ばれる勧進《かんじん》が行われていた（下坂二〇一四）。その様子は、『洛中洛外図帖』（奈良県立美術館蔵）や、『八坂法観寺塔参詣曼荼羅』（法観寺蔵）に見出すことができる。ほかに、五条橋の中島でも杓ふりが行われていた様子が、『清水寺参詣曼荼羅』（個人蔵）や『東山名所図』（国立歴史民俗博物館蔵）に描かれている。また、『八坂法観寺塔参詣曼荼羅』では、五条橋の東のたもとに物乞いらしき者の姿が見えている。

これらの事例はいずれも、橋のたもとが不特定多数の人々が往来する場であるという特質によるものである。鎌倉においても、おそらく同様に、橋の周辺は人々が頻繁に行き交う場所であり、それをあてにして、商人をはじめとする多様な人々が集まってきていたと想像される。

## 3　軍事上のポイント

一般に、橋における攻防が合戦での勝負の帰趨に重要な意味を持ったことは、近江の勢多《せた》橋の事例などですでに明らかである（畑中二〇〇五）。鎌倉では、橋が都市内の交通の要所であったことから、鎌倉内で紛争が発生した際には、橋が軍事戦略上の重要なポイントとなった。

建暦三年（一二一三）、幕府の主導権をめぐって和田氏と北条氏が衝突したいわゆる「和田合戦」の際には、「政所《まんどころ》前の橋」が重要な戦闘の場所となったほか、北条氏側は軍勢を派遣して「中の下馬橋」を固めさせている（『吾妻鏡』建暦三年五月二日条）。

ほかにも、寛元四年（一二四六）、北条氏の一族である名越光時《みつとき》の反乱が発覚したときには、当時の幕府を主導していた北条時頼は、家臣に命じて「中の下馬橋」を厳重に警備させている（『吾妻鏡』寛元四年五月二十四日条）。さらに、その翌年の宝治元年（一二四七）、北条氏とその最大の対抗勢力三浦氏が激突した戦争（宝治合戦）では、「筋替橋《すじかえばし》の北辺」で戦闘が開始されている（『吾妻鏡』宝治元年六月五日条）。

都市鎌倉内で戦闘が開始されると、敵の動きを封じるために真っ先に橋の防備が固められ、橋は敵に渡すことができない重要な拠点となったのである。

## 4　特殊な空間

中世日本の大規模な橋は一般的に、僧侶が施工主となって建設され、世俗の関係から切り離された「聖なる場」として、一種の公的性格を帯びた宗教的空間であった〔藤原編二〇〇五〕。中世ヨーロッパにおいても、橋の上に礼拝堂が設けられたり、橋の守護聖人が存在するなど、宗教的性格を帯びており、裁判集会の場や刑場、犯罪者のアジール（避難所）となるような異質な空間でもあった〔マシュケ一九七七、阿部一九七八〕。

そして、鎌倉に存在した小規模な橋にも、似たような性格を見出すことができるのである。たとえば、『吾妻鏡』の正治二年（一二〇〇）五月十二日条には、次のような事件が記されている。当時の将軍源頼家《みなもとのよりいえ》が仏教の一宗派である「念仏」を禁止したため、家臣が僧侶一四人を捕らえて「政所の橋」まで連行し、そこで袈裟《けさ》を剝ぎ取って焼いた。見物の者が群れ集まり、みな口々に僧侶を非難したという。

橋で僧侶の袈裟が焼かれた理由としては、そこが人の集まる公開の場所であるということと、さらには橋が本来刑場という性格を持っていたということが考えられる。

また、『吾妻鏡』建暦三年（一二一三）三月二日条によれば、謀反人の泉親平《いずみちかひら》が「違い橋」（筋違橋のことであろう）に隠れていたところを発見され、鎌倉中が騒動になったことがあった。謀反人が橋に隠れていたのは、人目に触れにくいという物理的条件のほかに、中世の橋がしばしばそうであったように、鎌倉の橋もアジール（避難所）という性格を持っていたからではないだろうか。

鎌倉の小規模な橋も、特殊な空間として、都市内において公的な機能を果たしていたのである。

## 5　橋の維持・管理

将軍の御所や武士の屋敷の門前の橋は、当然屋敷の主人によって管理・維持が図られたと思われる。それでは、都市内に散在する多くの橋は誰が維持・管理したのであろうか。

弘長元年（一二六一）二月に鎌倉幕府から出された法令（『中世法制史料集　第一巻』追加法三九六条）によると、「鎌倉中の橋の修理」については、保奉行人《ほうのぶぎょうにん》の責任によって怠りなく実行することが命令されている。

実際には、一人で架橋可能な板橋のような場合は、保奉行人が付近の住人を使って修理をさせたと思われる。鎌倉時代の下野国宇都宮の事例では、『宇都宮家式条』（五四条）に、「領内の道路・橋は、近隣の住民に負担させて修理させよ。もし、負担が重い場合は、考慮するように」とある。すなわち、基本は、領主宇都宮氏から法令を通達された一族・家臣が、橋の近くの住民を使って修理し、負担が重い場合に限って、領主側が支援するということである。また、戦国時代の下総国結城《ゆうき》では、「町に居住する侍が先頭に立って町全体に指令し、門や橋を修理せよ」と命じられている（『結城氏新法度』三二条）〔高橋二〇〇八、同二〇一二〕。これらの事例から類推して、鎌倉では、幕府の保奉行人の指示により、現場付近の有力者（御家人）が主導して橋修理が行われたとみられる。

これに対して、規模の大きな橋や、主要道路に架かるような公的性格の強い橋では、幕府が僧侶などに委託して管理・維持が図られたと思われる。とりわけ、中世の律宗寺院は、橋造営のための勧進《かんじん》活動（募金・カンパ）を行い、橋のたもとに橋を管理・支配する橋寺を建てていたことが知られる〔細川一九九七〕。幕府と密接な関係を持った西大寺系の律宗教団は、当時全国的に架橋事業を請け負った事実があり〔相田一九七八、細川一九九七、同二〇〇四など〕、鎌倉内の橋についても、極楽寺《ごくらくじ》や称名寺《しょうみょうじ》などの西大寺系律宗寺院が関与していたのではないかと考えられる。

鎌倉の外港六浦津《むつらのつ》と、金沢北条氏の別荘や称名寺の存在する金沢方面を結ぶために、嘉元三年（一三〇五）ごろに六浦の入海に瀬戸橋が架けられた。瀬戸橋は、金沢北条氏の主導のもとに、金沢氏や称名寺の所領に棟別銭《むなべつせん》を懸けて費用を調達して推進されたが、架橋事業の実務は律宗称名寺によって担われていた〔神奈川県立金沢文庫編一九九五、細川一九九七、西岡二〇〇四〕。

幕府そのものも、直接に橋の維持に関与していた。たとえば、寛元二年（一二四四）に幕府法廷で行われたある裁判では、虚偽の申し立てにより相手を訴えた武士が、罰金として橋の修理代を払わされている（『吾妻鏡』寛元二年六月五日条）。

また、建長二年（一二五〇）、一般庶民が幕府法廷に訴訟を起こす際には、虚偽の申し立てと判明した場合は橋の管理費を徴収する旨を原告にあらかじめ宣誓させる、ということが決定されている（『吾妻鏡』建長二年九月十八日条）。

こうして鎌倉幕府によって徴収された橋の管理費は、当然幕府の所在地である鎌倉の橋の維持・管理にも充てられたものと考えられる。都市鎌倉の領主である幕府は、都市内の主要な橋の管理には積極的に関与し、律宗寺院の勧進活動や架橋実務と協同しつつ、橋の維持・管理に努めていたと想像されるのである。

鶴岡八幡宮の参道である若宮大路には、中下馬橋・下下馬橋が架けられており、その公的な性格から、鎌倉時代にはある程度幕府が関わっていたと思われる。しかし、室町時代には、鶴岡八幡宮がより直接に関与せざるを得なくなっており、『香蔵院珍祐記録』（『戸田市史　資料編一』所収）寛正二年（一四六一）八月条には、「中下馬場橋無きの間、社家より当社の枯たる松にて、まず両所の橋を丸木にてこれを渡さるるものなり」とある。「両所」とあることから、「中下馬橋」は「中・下々馬橋」の誤記、すなわち、「中ノ下馬橋」と「下ノ下馬橋」のことであろう。八幡宮の枯れ木を運んで、八幡宮の主導で丸木橋を架けているのである。

戦国時代に至ると、さらに近隣の有力住民が前面に出てくる。『快元僧都記《かいげんそうずき》』（『戦国遺文　後北条氏

編　補遺編』所収）天文三年（一五三四）六月十六日条によれば、道春という「町人」が、若宮大路と下馬橋二ヵ所の修理のために、発起して剃髪し、勧進活動を行ったことが知られる。

先に見た六浦の瀬戸橋も、南北朝時代の架け替えは、六浦の妙法という地元の有力者（資産家）が独力で実現させたものであった（神奈川県立金沢文庫編一九九五、西岡二〇〇四）。

以上のように、橋の維持管理は、幕府などの公権力が関与しつつも、宗教者による勧進・運営や、地元有力者の出資などの多彩な活動によって支えられていたのである。

## 6　シンボルとしての橋

橋が、都市鎌倉の景観を象徴するものの一つとして位置づけられていたことは、「鎌倉十橋《じゅっきょう》」という名数が存在することからもうかがうことができる。

江戸時代の貞享二年（一六八五）刊の『新編鎌倉志』巻之一（『大日本地誌大系』所収）には、「鎌倉十橋」として、琵琶《びわ》橋・筋替《すじかえ》橋・歌《うたの》橋・勝《かつの》橋・裁許《さいきょ》橋・針磨《はりすり》橋・夷堂《えびすどう》橋・逆川《さかがわ》橋・乱《みだれ》橋・十王堂橋をあげている。ただし、鎌倉十橋の語は『新編鎌倉志』以前には確認できず、やや遡る延宝二年（一六七四）刊『鎌倉日記』（『鎌倉市史　近世近代紀行地誌編』所収）では、歌橋・乱橋・逆川橋・夷堂橋・針磨橋のみを個別に取り上げている。さらに先行する万治二年（一六五九）刊『鎌倉物語』（『近世文学資料

類従　古板地誌編』所収）では、西行橋《さいぎょう》（裁許橋）に言及するにとどまる。

右の十橋のうちで、中世の史料で名称を確認できるのは、筋替橋と乱橋のみである。したがって、橋の名称が確定し、さらに十橋という名数が確立するのは江戸時代になってからと考えられる。しかし、町なかの橋が、中世の絵図や絵巻にしばしば描きこまれていたことも考え合わせると、十橋という形で数え上げたくなるような素地、すなわち都市鎌倉のシンボルとして数多くの橋が目に映る状況が、すでに中世段階で形成されていたと思われる。

また、中世鎌倉に数多く存在した寺社の境内には、町なかの簡素な橋とはやや趣を異にして、趣味的で人々の目をひくような橋が設置されていた。たとえば、郊外金沢の地に建立された称名寺の元亨三年（一三二三）の絵図（図23）を見ると、金堂前の池に、中島を中継点として見事な朱塗りの反橋《そり》と平橋が架かっている。一九七八年度に始まる発掘調査によって、池や古い橋脚が出土し、絵図の景観が実在したことが確認され、それに基づいて池と橋を含む境内庭園が復元されている〔西岡二〇一〇〕。橋は、境内庭園を構成する重要な要素として、とりわけ立派に造成されていたのである。

また、源頼朝《よりとも》が建立した二階堂の永福寺《ようふくじ》においても、発掘調査の結果、二階堂と称された大規模な仏堂の前に池を中心とする庭が造成され、創建当初には幅四・八㍍、長さ三五㍍ほどの長大な橋が架けられていたことが判明した〔河野一九九五、鎌倉市教育委員会編二〇〇二、福田二〇〇四〕。

室町時代になると庭園の様式が多様化し、その重要な施設としての庭園橋も多様なデザインのものが生み出されたという〔松村二〇〇五〕。鎌倉においても、室町時代制作の『明月院《めいげついん》絵図』（明月院蔵）を見ると、池に立派な屋根付橋（廊橋）が架かっており（図24）、時代の流行が反映されていたことがわかる。

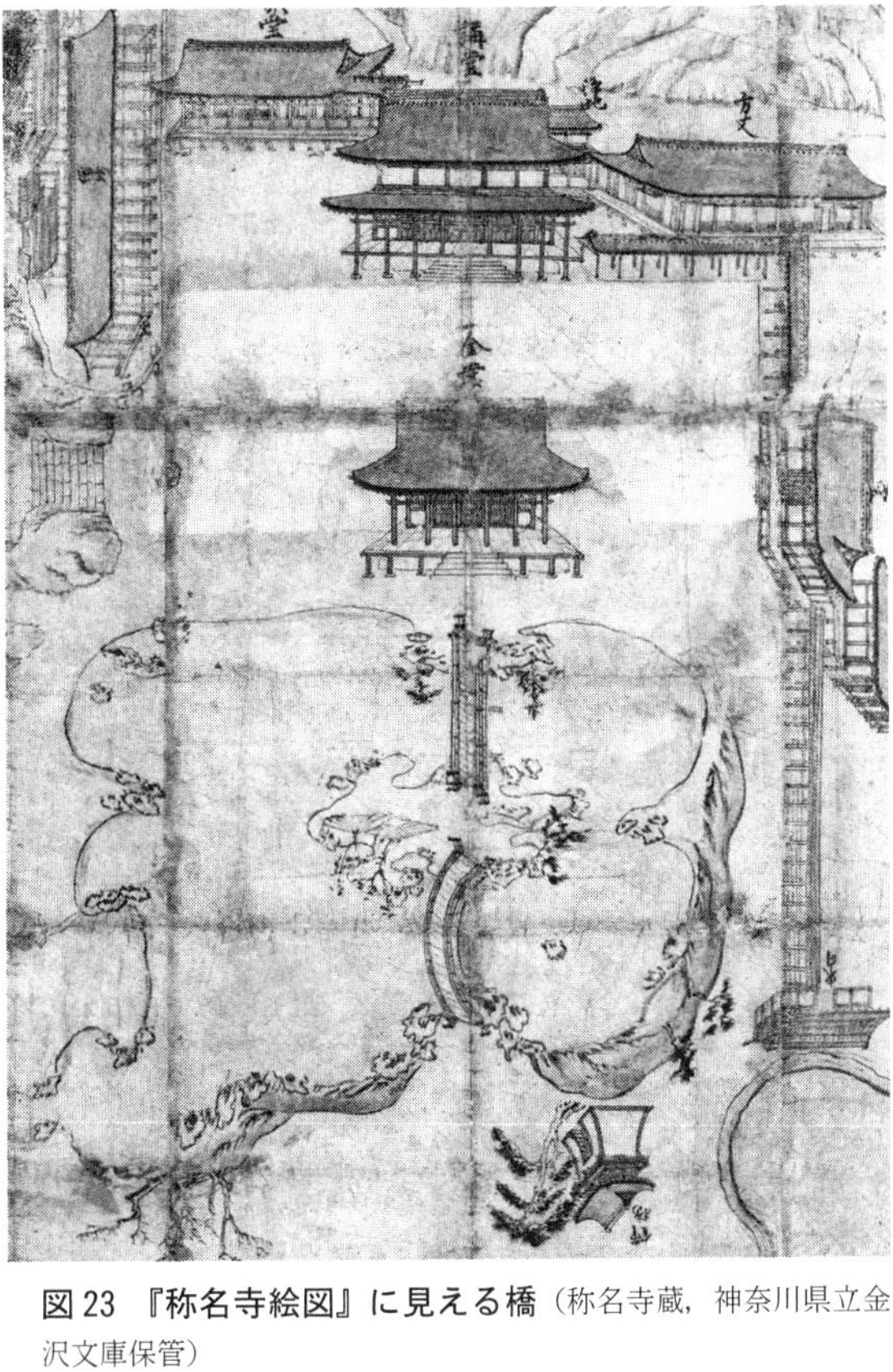

**図23 『称名寺絵図』に見える橋**（称名寺蔵，神奈川県立金沢文庫保管）

図24『明月院絵図』に見える屋根付き橋（明月院蔵）

明月院に限らず、そもそも禅宗寺院では、伽藍建築や周囲の自然の景観美を「境致《きょうち》」と呼んで重視しており、都市鎌倉の景観にも影響を与えていた〈高橋二〇一四〉。たとえば、五山の寺院を見てみると、『扶桑五山記』に記される建長寺の境致には、天津橋・截流《さいりゅう》橋が含まれ、同じく円覚寺《えんがくじ》の境致には偃松《えんしょう》橋が含まれている。これらの境致は、南北朝期に選定されたと考えられている〈鈴木二〇一六〉。なかでも天津橋は、『空華日用工夫略集』に橋の左右に偈《げ》を掲げたとあることから、屋根付きの廊橋と思われること、そして多くの禅僧が詩を寄せたことが指摘されている〈関口二〇〇五〉。また、南北朝期の浄妙寺の様子を伝える『浄妙禅寺略記』にも、「諸堂」の項に「滑川橋〈外門前の川、今は橋亡《な》し〉」とあり、かつては門前の橋が境致に含まれていたことをうかがわせる。鎌倉の禅宗寺院において、橋は境致の一つとして数えられ、シンボルの一つとして重要視されていたのである。

さらに、都市鎌倉の中心に位置する鶴岡八幡宮にも、ランドマークとなるような象徴的な橋があった。境内入り口付近の池（現在の源平池）に架けられた橋は、「赤橋《あかはし》」と呼ばれ、鎌倉時代の『吾妻鏡』にもしばしば登場している。現在は素木の太鼓橋を中心に計三つの橋が架かっているが、江戸時代の享保十七年（一七三二）の境内絵図（鶴岡八幡宮蔵）では、緩い勾配の朱塗りの橋と急勾配の素木の反橋とが描かれている。さらに遡った天正十九年（一五九一）に豊臣秀吉《とよとみひでよし》の命で作成された修造計画図では、「あかはし」として、緩い勾配の橋のみが描かれている。したがって、当初の赤橋は、朱塗りの緩い反橋であったと考えられる。そして、鎌倉時代に赤橋近くに邸宅を構えた北条氏の庶流の一つは、「赤橋」を名乗るようになるのである。

永正十七年（一五二〇）には、鶴岡八幡宮の回廊・拝殿・幣殿などがすべて荒廃しているなかで、橋本宮内丞《くないじよう》という人物が独力で赤橋を再建している（永正十七年八月二日快元覚書・『鎌倉市史　史料篇』所収『鶴岡八幡宮文書』九九号）。八幡宮の諸施設の中で、赤橋が独力で再興するに適した規模であったということもあろうが、人々の目に触れる八幡宮の象徴的な施設であったことから、何よりもまず赤橋を架け、社殿再興の端緒としたと思われる。

なお、天文年間（一五三二〜五五）に、里見氏の侵入による兵火で焼失した社殿を北条氏綱《うじつな》が再建した際にも、宮内丞の子息九郎五郎が、亡父に倣って赤橋を修復することを発願している（『快元僧都記』天文三年〈一五三四〉十一月二十二日条）。『快元僧都記』や『鶴岡御造営日記』（『戦国遺文　後北条氏編　補遺編』所収）によれば、橋本九郎五郎は、天文の再建事業の諸奉行に任じられており、橋本父子は後北条氏に仕える鎌倉在住の有力者と推測される。前節で述べたように、中世後期以降、橋の維持管理に地元の有力者が主導的な役割を果たす傾向が見られたが、橋本父子の赤橋修理も、それに合致する事例といえよう。

## 7　中世鎌倉に見る橋の機能

中世都市鎌倉には、小規模ながら多くの河川と溝が存在し、そこに架かる橋も、小規模ではあるが、交通上の要所となっていた。交通上の要所としての橋は、とりもなおさず軍事上で重要なポイントともなっていたのである。また、交通の要所としての性格ゆえに、橋は人々をその周囲に集めるような場としても機能し、繁華街や、ある種の公的空間の形成要因となっていたのである。

そして橋は、都市領主としての鎌倉幕府からも重要視されており、橋の維持・管理に幕府が律宗寺院とともに関わるいっぽうで、次第に在地の有力者の関与も強まっていたことがわかったのである。さらに、鎌倉の橋は、都市鎌倉の景観の主要な要素として、象徴的な存在となっていたことを指摘しておきたい。

【参考文献】

相田二郎　一九七八年「中世における寺院の交通施設経営」『相田二郎著作集　3』名著出版

阿蘇品保夫　一九九五年「中世における橋の諸相と架橋」『熊本県立美術館研究紀要』七号
阿部謹也　一九七八年『中世を旅する人びと―ヨーロッパ庶民生活点描―』平凡社
伊原弘編　二〇〇三年『「清明上河図」をよむ』勉誠出版
岩崎武夫　一九七八年『続さんせう太夫考』平凡社
岡陽一郎　二〇〇一年「都市のみちと橋」中世みちの研究会第４回研究集会口頭報告
神奈川県立金沢文庫編　一九九五年『六浦瀬戸橋』同文庫
鎌倉市教育委員会編　二〇〇二年『国指定史跡永福寺跡環境整備事業に係る発掘調査報告書　遺構編』同委員会
河野眞知郎　一九九五年『中世都市鎌倉　遺跡が語る武士の都』講談社
齋木秀雄　一九八九年「溝の流れが語る地形と町割」石井進・大三輪龍彦編『よみがえる中世３　武士の都鎌倉』平凡社
下坂　守　二〇一四年「中世京都・東山の風景―祇園社境内の景観とその変貌をめぐって―」『中世寺院社会と民衆―衆徒と馬借・神人・河原者―』思文閣出版
宗臺秀明　一九九七年『北条時房・顕時邸跡　雪ノ下一丁目二七二番地点』北条時房・顕時邸跡発掘調査団
鈴木　亘　二〇一六年『中世鎌倉五山の建築』中央公論美術出版
関口欣也　二〇〇五年『増補　鎌倉の古建築』有隣堂
高橋慎一朗　二〇〇八年「鎌倉と災害」『中世都市研究14　開発と災害』新人物往来社（本書Ⅰ―二）
高橋慎一朗　二〇一二年『武士の掟―「道」をめぐる鎌倉・戦国武士たちのもうひとつの戦い』新人物往来社
高橋慎一朗　二〇一四年「中世都市鎌倉と禅宗寺院」村井章介編『東アジアのなかの建長寺―宗教・政治・文

化が交叉する禅の聖地―』勉誠出版（本書I－五）

西岡芳文　二〇〇四年「港湾都市六浦と鎌倉」五味文彦・馬淵和雄編『中世都市鎌倉の実像と境界』高志書院

西岡芳文　二〇一〇年「鎌倉の学問遺跡」高橋慎一朗編『史跡で読む日本の歴史6　鎌倉の世界』吉川弘文館

畑中英二　二〇〇五年「中世勢多橋界隈のみち・はし・ふね」藤原良章編『中世のみちと橋』高志書院

福田　誠　二〇〇四年「鎌倉永福寺の発掘庭園と経塚」小野正敏他編『中世の系譜　東と西、北と南の世界』高志書院

藤原良章　一九九七年「絵巻の中の橋」『帝京大学山梨文化財研究所研究報告』第八集

藤原良章　二〇〇五年『中世のみちと都市』山川出版社

藤原良章編　二〇〇五年『中世のみちと橋』高志書院

細川涼一　一九九七年「鎌倉仏教の勧進活動―律宗の勧進活動を中心に」『中世寺院の風景―中世民衆の生活と心性』新曜社

細川涼一　二〇〇四年「忍性と鎌倉」五味文彦・馬淵和雄編『中世都市鎌倉の実像と境界』高志書院

マシュケ＝エーリッヒ（Erich MASCHKE）　一九七七年 Die Brücke im Mittelalter, Historische Zeitschrift Bd. 224（原文は独文。和訳未刊）

松村　博　二〇〇五年「中世の橋の構造」藤原良章編『中世のみちと橋』高志書院

馬淵和雄　一九八五年『北条泰時・時頼邸跡　雪ノ下一丁目三七一番―一地点発掘調査報告書』鎌倉市教育委員会

馬淵和雄　一九八九年「若宮大路―都市の基軸を掘る―」石井進・大三輪龍彦編『よみがえる中世3　武士の都　鎌倉』平凡社

マレー＝ピーター・スティーブンス＝マリアン（日本語版監修伊東孝）　一九九九年『リビングブリッジ　居住橋―ひと住まい、集う都市の橋』デルファイ研究所

（付記）本章の一部については、二〇〇四年七月にイタリアのコルトナ市において開催された国際シンポジウム「流域都市―水辺の都市」（主催：とらっど2・ナポリ東洋大学）において報告を行った。また、マシュケ論文の和訳に関しては千葉敏之氏（東京外国語大学）の全面的な協力を得た。記して謝意を表したい。

# 五　都市鎌倉と禅宗寺院

## *1*　中世都市鎌倉の展開

源頼朝《みなもとのよりとも》が幕府を設置する前から、すでに鎌倉は、ある程度は地域の中心となるような集落であった。奈良時代から平安前期にかけての鎌倉郡衙《ぐんが》の遺構が発掘されていることや、窟堂《いわやどう》・杉本寺《すぎもとでら》・荏柄《えがら》天神社《てんじんしゃ》などの頼朝以前に創建が遡る寺社の存在などが、古代鎌倉の中心地としての性格を裏付けている。また、海側（稲村ケ崎《いなむらがさき》〜名越《なごえ》〜逗子《ずし》）と山側（山内《やまのうち》〜大倉〜六浦《むつら》）には、それぞれ東西に走る幹線道路が、頼朝以前から機能していた（一三五頁図28参照）のである〔石井二〇〇五、高橋慎一朗二〇〇五〕。

頼朝が拠点を構えて以降、鎌倉初期の鎌倉では、東西道路沿い、しかも若宮大路よりも東側を中心に都市の発展が見られた。大倉幕府（将軍御所）・頼朝の墓所（法華堂）・頼朝創建の勝長寿院と永福寺《ようふくじ》などはすべて東側に存在している（一〇頁図4参照）。地形を見ても、若宮大路の東西を比較すると、東側のほうがやや標高が高くなっており、より住みやすい環境と認識されていたと推測される。

鎌倉中期の執権北条泰時《ほうじょうやすとき》の時代になると、幕府（御所）が若宮大路沿いに移転し、都市の基本軸が東西道路から南北の若宮大路へと大きく変更され、都市鎌倉のグランドデザインが形成される〔石井二〇〇五〕。さらに北条時頼《ときより》の時代には、治安維持や、町屋の規制による景観整備などのソフト面の整備がなされるとともに、山内の開発や大仏建立などによって、鎌倉の西側に比重が移動するようになる〔高橋慎一朗二〇一三〕。

## 2　山内の景観

鎌倉の西北に位置する山内は、もともとは山内荘《やまうちのしょう》という得宗領の荘園であり、都市鎌倉の外側に位置する場所であった。北条時頼の時代以降に、この地には建長寺《けんちょうじ》が創建され、時頼の持仏堂（最明寺《さいみょうじ》）とそれに付属する別荘、得宗被官の邸宅群などが設置され、急速に発展するのである〔秋山二〇〇六、永井二〇〇八、森二〇〇八〕。都市鎌倉の膨張、というべき現象であった。

中世の山内には、建長寺・円覚寺《えんがくじ》という北条氏建立の二大禅宗寺院とそれぞれに付属する塔頭《たっちゅう》が存在したほか、多くの禅宗寺院が密集していた。現存する寺院としては、鎌倉五山の一つである浄智寺、尼五山の一つで「縁切り寺」としても著名である東慶寺、足利基氏《あしかがもとうじ》の建立した長寿寺、禅興寺の塔頭から発展した明月院《めいげついん》などが知られる。

すでに廃絶した禅宗寺院も数多くあり、『円覚寺境内絵図』〔円覚寺蔵、建武元年〈一三三四〉〜二年制作）にも記載がある長勝寺・正観寺、北条時頼創建の最明寺を再興した禅興寺、『明月院絵図』（明月院蔵、南北朝時代制作）に見える正法寺・徳泉寺・安国寺・保寧寺・龍興院、尼五山の一つであった国恩寺、文安三年（一四四六）に名越花ヶ谷《なごえはながやつ》より移転してきた木束寺《もくそくじ》などがあげられる〔貫他一九八〇〕。

中世の禅宗の大寺院は、それ自体が都市としての様相を示していた。室町期京都の五山においては、その境内が、多数の塔頭や周辺の山林・耕地、および門前の町・在家《ざいけ》を付属させた、一種の宗教都市と呼ぶべき存在であったことが指摘されている〔伊藤二〇〇三、同二〇〇五〕。京都の五山は多くが山麓に位置し、周囲の自然を取り込みつつ都市を形成していたのであるが、鎌倉山内でも状況は同じであった。谷の奥の山麓を背負いつつ伽藍《がらん》を展開し、谷の入り口付近の門前に、町・在家を付属させていたのである。山内の禅宗寺院は、新都市山内の、重要な構成要素であった。

## 3　中世都市と塔

ところで、中世ヨーロッパの都市では、教会・修道院・貴族の邸宅などに付属する塔が数多く建てられていた。現在も、イタリア・トスカーナ州のサンジミニャーノに代表されるように、中世の塔が並び立つ景観が残されている都市は多い。

中世鎌倉の文化が大きな影響を受けていた中国の中世都市においても、都市の景観なかで塔の持つ意義は重要であった。

たとえば、一二二九年に制作された蘇州《そしゅう》の都市図『平江図』を見ると、都市の北端には報恩寺の北寺塔がそびえ、中央やや南東寄りには、双塔という二基の特徴的な仏塔の姿を見てとることができる。風水師の説として、一匹の龍が蘇州を守るという伝承があり、都市を南北に貫く中心道路・護龍街を龍の身体とし、北寺塔を尾、双塔を角に見立てるという〔高村二〇〇〇〕。中世（宋代）の蘇州では、塔が都市のランドマークとなっていたことは明らかである。

同じく明州《めいしゅう》（寧波）の事例でも、風水思想の面から、塔は都市において重要な意義を持っていた。すなわち、南東に位置する天封塔を筆に、付近の日湖・月湖を硯に見立てることによって、文運が開ける（科挙の合格者を多く輩出する）とされていたのである〔高村二〇一二〕。

南宋の事実上の都であった杭州《こうしゅう》は、風光明媚な西湖《せいこ》が西にひかえる都市であったが、その姿を描いた『咸淳臨安志』（宋代成立）の「西湖図」には、雷峰塔や保俶塔、六和塔などの塔が描きこまれている。西湖のランドマークとなった雷峰塔・保俶塔は、唐代末に呉越国の銭氏一族が建てた多くの寺院・仏塔のなかの一部であったが、古都の記憶として杭州に取り込まれたのである〔板倉二〇一三〕。

日本においても、院政期から南北朝期の京都には、東からの入り口に位置する白河の地に、高さ八一㍍の法勝寺《ほっしょうじ》の八角九重塔がそびえ立っていた。この塔は、永保三年（一〇八三）に白河天皇によって建立されたもので、白河天皇が王権の権威を象徴するものとして整備に力を注いでいた法勝寺伽藍の一部をなすもので、まさに「首都のシンボル」であった〔美川二〇〇二〕。院政期の京都では、平安京を「仏都」にするという政治的意図を持った、白河上皇をはじめとする院権力による積極的な塔の増築が行われた結果、多くの塔が林立し、貴族による「百塔巡礼」も行われていたという〔上川二〇一五〕。したがって、「塔に囲まれた都市」という景観は、政権中枢の場としてまことにふさわしいということができる。

　同じく院政期の奥州平泉《ひらいずみ》においても、塔は重要な意義を持っていた。最盛期の平泉の寺社の姿を書き上げた「寺塔已下注文」（『吾妻鏡』文治五年〈一一八九〉九月十七日条）によれば、藤原清衡《ふじわらのきよひら》は奥州の中心として関山《かんざん》中尊寺の山頂に一基の塔を建てたという。この塔は、奥州の中心であるとともに、着々と整備されていく都市平泉の中心としても構想されていたと思われる。なお、塔には毘盧遮那仏《びるしゃなぶつ》が安置されたと考えられており〔長岡二〇一〇〕、このあとに述べる建長寺・円覚寺の華厳塔《けごんとう》と共通性が見られ、非常に興味深い。

　室町時代に入ると、足利義満《よしみつ》は、みずからが天下を手中におさめたことを世間に示すために、相国寺《しょうこくじ》の七重大塔を建設している。南北朝合一の翌月に計画が開始された相国寺大塔は、七年後の応永六年（一三九九）に完成、京都に一一〇㍍におよぶ巨大な姿を現したのである〔早島二〇一〇〕。

　相国寺大塔は、わずか四年後に落雷のため焼失してしまうが、義満はこれを京都北山に再建することにしたのである。当時の北山は、京都の新たな中核として義満の御所をはじめとする邸宅群が造営されており、いわば「北山新都心」といった様相を呈していた〔細川二〇一〇〕。その北山に七重大塔を再建しようとしたのは、やはり塔が都の求心性を象徴するモニュメントと意識されていたからに相違ない。なお、七重大塔自体は、義満死後に建設が中断され、応永二十三年（一四一六）に、完成を見ぬうちに焼失し、その後再建されることはなかった。

## 4　建長寺・円覚寺の華厳塔

いっぽう、現在の鎌倉周辺には、近世以前に遡る塔は一基も残されていない。しかし、中世には、三重塔を主とする多くの寺社の塔が建てられていたことがわかっている〔関口一九九一a〕。とりわけ、社会的地位の面でも立地の面でも鎌倉の中心に位置した鶴岡八幡宮に建てられた五重塔は、都市のシンボルとなるはずのものであった。ところが、この五重塔は、文治五年（一一八九）に建立されたものの、わずか二年後の建久二年（一一九一）に焼亡してしまう（『吾妻鏡』）。そして、近世初頭に大塔が建立されるまで、中世を通じて八幡宮に塔が建つことはなかったのである。

そのほか、将軍の御願寺《ごがんじ》である勝長寿院・永福寺・大慈寺に塔が建てられたことが知られるが、これらに加えて、中世鎌倉では、禅宗寺院、および禅宗と近似性のある律宗寺院において塔の建立が盛んであったことは注目すべきであろう。院政期京都では、禅律の盛行以前であるから当然ではあるが、塔の建立には密教の影響が強かった。鎌倉では、顕密の大寺院だけではなく、禅律寺院において塔が建立された点が特徴的である。

山内地区は禅宗寺院が多いことから、中世には塔が並び立つような光景が見られたのである。代表的なものとして、建長寺と円覚寺の華厳塔があげられる。

まず、建長寺の華厳塔について概観してみよう。建長寺の創建については諸説があるが、建長元年（一二四九）に北条時頼が建立に着手、同三年に本格的な工事が開始され、同五年に主要な堂舎が完成したとみられる〔高橋慎一朗二〇一三〕。その後、華厳塔が建立されたと思われるが、正確な時期は不明である。

だいぶ時間の隔たりがあるが、弘安九年（一二八六）春の終わりに、建長寺住持であった無学祖元《むがくそげん》が無象静照《むぞうじょうしょう》らの禅僧を伴って華厳塔に登り、緑のなかに残る花を観賞している。したがって、この時までには塔が完成していたことは確かである。

その後、正和四年（一三一五）三月八日に火災によって塔は焼失してしまう（『公衡《きんひら》公記』同十六日条）が、『巨福山建長興国禅寺諸回向并疏冊子』所収の元亨三年（一三二三）十月二十一日建長寺華厳塔供《く》養疏《ようしょ》によれば、この日に華厳塔再建供養が行われている。この供養疏から、北条貞時《さだとき》十三回忌の年にあたって、尼円成《えんじょう》（貞時夫人）によって華厳塔が再建され、仏像が安置されるとともに華厳経六〇巻が納められたことがわかる。

また、供養疏や供養導師を務めた建長寺住持東明慧日《とうみんえにち》の慶讃疏《きょうさんしょ》（『東明和尚語録』所収）には、「三層」の「宝塔」と記されるともに、『華厳経』の入法界品《にゅうほっかいぼん》に説かれている、善財童子《ぜんざいどうじ》の五十三善知識《ぜんちしき》歴訪のことが記されている。したがって、次に述べる円覚寺の華厳塔と同様に、三重塔であって、善財童子善知識歴訪図を塔の四壁に描いていたと推測される〔関口一九九一a〕。

さらに、東明の疏では再三「毘盧楼閣」や「毘盧遮那」に言及しており、華厳塔を『華厳経』の教主毘盧遮那仏の世界が現出した毘盧遮那仏の楼閣になぞらえているのではないかと想像される。そうであれば、塔の中尊は毘盧遮那仏であったと考えられる。

建長寺に先立って嘉禄三年（一二二七）に上棟された京都高山寺《こうざんじ》の三重宝塔では、明恵《みょうえ》の思想を反映して毘盧遮那仏が中尊とされ、善財童子五十三善知識歴訪を描く曼荼羅が掛けられたという。東国への華厳の移入には明恵というファクターを考慮する必要があり、円覚寺華厳塔の中尊が当初から釈迦・多宝の二仏であったかどうかは再検討の余地があることが指摘されている〔梅沢二〇一三〕。右の指摘からも、建長寺華厳塔の中尊が毘盧遮那仏であった可能性は高いといえよう。

ちなみに、『扶桑《ふそう》五山記』によれば、建長寺法堂の上層は「毘盧宝閣」と命名されており、建長寺の建造物を『華厳経』の世界と関わらせて解釈しようとする思想的背景は確かにあったものと思われる。

さて、万里集九《ばんりしゅうく》の紀行・漢詩文集『梅花無尽蔵《ばいかむじんぞう》』の文明十八年（一四八六）十一月二十八日条には、

図25 『建長寺境内図』に見える華厳塔（建長寺蔵）

図26 『円覚寺境内絵図』に見える華厳塔（円覚寺蔵）

建長寺の華厳塔を拝観したことが見えているから、この時までは塔の存在は確認できる。以後は史料に現れなくなるため、おそらくは戦国時代に焼失もしくは倒壊したものと思われる。

江戸前期の延宝六年（一六七八）に制作された『建長寺境内図』（建長寺蔵）では、境内中央奥の、現在の河村瑞賢《かわむらずいけん》墓付近に「華厳塔」とあって、石造五輪塔の絵が描かれている（図25）。すでにかつての三重塔は消滅してしまっており、三重塔の形式であったことすら忘却されてしまったことが確認できる。

ちなみに、昭和九年（一九三四）に、建長寺境内の参道工事中に偶然、華厳塔推定地の凝灰岩の地盤中から華厳経と見られる写経石が発見され、その付近では鎌倉後期の平瓦も検出されたという（赤星一九五九、井上一九八〇）。残念ながら、本格的な発掘調査ではないため、詳細は不明である。

次に、円覚寺の華厳塔を見てみよう。周知のように、円覚寺は北条時宗《ときむね》によって創建され、弘安五年（一二八二）に開堂供養が行われている。至徳四年（元中四、一三八七）の義堂周信《ぎどうしゅうしん》筆『黄梅院華厳塔再建勧縁疏并奉加帳』（『黄梅院文書』）によれば、華厳塔は「弘安某年」に創建された三重塔で、釈迦・多宝如来を安置し、四壁に善財童子善知識歴訪図が描かれていたという。『円覚寺境内絵図』（円覚寺蔵、建武元年〜二年制作）を見ても、境内中央奥、谷の最奥部の目立つ場所に、三重塔が明瞭に描かれている（図26）。おそらく、主要堂舎が完成してほどなく、華厳塔も建立されたものとみられる。

そもそも円覚寺華厳塔は、覚山尼《かくさんに》（北条時宗室）が弘安九年（一二八六）に、時宗三回忌にあたり書写した華厳経を納めた、時宗の供養塔であったという説もある（井上一九八〇）。建長寺華厳塔が貞時十三忌にあたって再建され、華厳経が塔内に納められたことを想起すれば、円覚寺華厳塔が時宗供養塔であった可能性は高いといえよう。

南北朝期に入って、貞治二年（一三六三）に黄梅院《おうばいいん》が創建されると、華厳塔は黄梅院に包摂されることになる。黄梅院には二種類の『華厳塔図』が伝来しているが、両図とも単なる塔図ではなく創建当時の黄梅院を描いたものとみられる（岩橋一九七九）。とはいうものの、『華厳塔図』と通称されるだけあって、両図の中央には堂々たる三重塔の

図27 『円覚寺華厳塔図』
（円覚寺蔵）

姿が描かれ、華厳塔の存在感の大きさがうかがわれる（図27）。

応安七年（文中三、一三七四）の円覚寺全山の火災で華厳塔も焼失、再建に向けて勧進を募るために記されたのが、先に触れた至徳四年の義堂周信筆の勧縁疏である。その結果、嘉慶三年（元中六、一三八九）ごろには再建されるものの、応永八年（一四〇一）にまた焼失、同十一年に再建、応永二十八年の焼失後は、ついに再建されることはなかったのである。

## 5　禅宗寺院と塔

建長寺・円覚寺のほかにも、山内には禅宗寺院の塔が存在したことが指摘されている（関口一九九一a）。たとえば、明月院の本寺であった禅興寺には三重塔があったと考えられ、南北朝時代制作の『明月院絵図』からは、その塔が塔頭明月院に取り込まれている様子を知ることができる。なお、この禅興寺の三重塔は、『五山記考異』によって、「稜厳塔」と称していたことがわかる。

また、浄智寺には、多宝塔が建立されていたことが、南北朝期の禅僧中巌円月《ちゅうがんえんげつ》の詩文集『東海一漚《とうかいいちおう》集《しゅう》』によって知られる。

眼を山内から鎌倉の他の地域に転ずれば、塔を備えていた中世の禅宗寺院の名をさらにあげることができる（貫他一九八〇、関口一九九一a）。詳しい典拠などは先行研究に譲るが、扇ガ谷《おうぎがやつ》の寿福寺、名越・花谷《はながやつ》の慈恩寺、二階堂の東光寺、長谷《はせ》の万寿院（寺）がそれにあたる。

このほかに、中世鎌倉周辺で塔が建立された寺院が、禅と共通点の多かった律宗の寺院であったことは興味深い。具体的には、長谷の極楽寺《ごくらくじ》、金沢の称名寺《しょうみょうじ》、甘縄《あまなわ》の無量寿院、扇ガ谷の東林寺といった律宗寺院で、塔の存在を確認できる。

中世都市鎌倉における「塔の見える風景」を実現していたのは、主に禅と律の寺院であったことがわかったが、その理由は、主として二つある。

一つは、中世鎌倉において、仏教諸派のなかでも禅と律のみが、塔の建立を可能とするような富裕で強力な檀越を獲得することができた、ということである。とりわけ、鎌倉幕府（北条氏）や鎌倉府が禅と律を庇護し、密接な関係を持っていたことは、五山の整備や、極楽寺への交易管理委託などの事例から、十分明らかであろう。

もう一つは、禅が「境致《きょうち》」というものを重視していた、ということである。「境致」とは、周囲の自然環境と伽藍との総合的な景観美のことで、対象物を一定数に限って命名し、詩文を添えたりするものであるが、一〇の建築・景観を選定した「十境」と称するものが多い〔玉村一九七六、関口一九九一b〕。もともと南宋の禅院で発達した思想であるが、影響を受けた日本の禅宗寺院でも重んじられ、建仁寺の「東山十境」、天竜寺の「嵯峨十境」、鎌倉の「建長寺十境」などが有名である。

建築を境致として取り上げる場合、塔・楼・橋などの特殊な構造を持ち、人目を引くものが選定されるのであり〔玉村一九七六〕、塔の建立が、境致の整備という面からも重要視されたことがうかがわれる。実際、中国から渡来した禅僧明極《みんき》楚俊《そしゅん》が鎌倉末期に著した「建長寺十境」のなかには、華厳塔が含まれている。また、『扶桑五山記』でも、円覚寺の境致の一つに華厳塔をあげている。

## 6　禅宗寺院の境致と都市の景観

禅宗寺院の境致の整備は、単に一寺院の環境整備にとどまらなかった。十五世紀の琉球王国においては、首都首里《しゅり》の荘厳が、王家の菩提寺でもある禅宗寺院円覚寺の創建と一体となって行われていたことが指摘されている〔高橋康夫二〇〇六〕。禅宗寺院の伽藍・境致の整備が、都市の環境形成・整備に直結していたのである。

一般に、中世に登場する禅宗寺院では、花灯窓《かとうまど》を持つ堂舎を回廊で連結した中国風の伽藍や、屋根付きの風流な橋が備えられていた。また、床をはらず石を敷いた土間建築や、垂木《たるき》を放射状に配置する扇垂木などの特徴を備えた、いわゆる禅宗建築は、中国南宋の建築様式を取り入れたものであった〔関口一九九一b、同二〇〇五〕。とりわけ、建長寺・円覚寺などにおいては、一切経を収蔵する回転式の経蔵である「輪蔵《りんぞう》」が建立され、中国建築文化の影響を色濃く示していた〔大塚二〇一四〕。

このように、中世の都市鎌倉のあちらこちらで、禅宗寺院が周囲に目新しい景観を提供し、異国情緒を醸し出していたのである。幕府・鎌倉府も、積極的に禅宗寺院の境致整備を後援することによって、「武家の都」鎌倉の荘厳をめざしていたのではなかろうか。たとえば、『浄妙禅寺略記』に記される浄妙寺の「諸堂」には、門前の滑川《なめりがわ》に架かる橋が含まれており、禅寺の境致整備が都市のインフラ整備とも重なっていることが示唆される。律宗寺院への保護も、同じく塔をはじめとする特徴的な建築物や、中国風伽藍の整備を通じて、都市の景観・環境整備へとつながった可能性がある。

そもそも中世の鎌倉は、北・東・南の三方を低い山が取り囲み、南に海が開けているという、自然地形を巧みに生かした都市のレイアウトが行われていた。その基本は、鎌倉に置かれた武士の政権（幕府）の構成員である、鎌倉時代の武士たちによって作られたものである。このことは、東国の武士たちが、川の近くの河岸段丘の開発などを行って、自然の地形を巧みに生かした土地利用をするノウハウを持っていたことと無縁ではないであろう。

鎌倉の中核となる平地部には、都市と幕府の守護神である鶴岡《つるがおか》八幡宮、およびその参詣道である若宮大路、町、将軍の御所と有力武士の武家屋敷が置かれ、その周囲の谷や山際には寺社や武家屋敷などが置かれた。

谷の部分をより細かく見てみると、谷の入り口や、谷を通る道沿いには町が展開し、谷の奥のより独立性の高い空間には武家屋敷や寺社が存在した。さらに静穏な谷の最奥部には墓所ややぐらが置かれたのである。

このように、自然を巧みに利用した都市整備の方針と、禅宗寺院の境致を重視する志向は、見事に合致し、都市鎌倉の景観整備を兼ねた形で、禅宗寺院の環境整備に幕府などの支援がなされたものと考えられる。

以上、本章では、中世都市鎌倉の景観に対して、建長寺をはじめとする禅宗寺院が大きな影響を与えていたということを明らかにした。

【参考文献】

赤星直忠　一九五九年「建長寺出土の経石」『鎌倉』三号
秋山哲雄　二〇〇六年「都市鎌倉における北条氏の邸宅と寺院」『北条氏権力と都市鎌倉』吉川弘文館
石井　進　二〇〇五年「文献からみた中世都市鎌倉」『石井進著作集9　中世都市を語る』岩波書店
板倉聖哲　二〇一三年「憧憬の西湖―東アジアにおける西湖図の展開―」大倉集古館編／板倉聖哲監修『描かれた都　開封・杭州・京都・江戸』東京大学出版会
伊藤　毅　二〇〇三年「中世都市と寺院」『都市の空間史』吉川弘文館
伊藤　毅　二〇〇五年「宗教都市と交易都市〈都市建築史の視点5〉」『UP』三九七号
井上禅定　一九八〇年『駈込寺　東慶寺史』春秋社
岩橋春樹　一九七九年「円覚寺華厳塔図の風景」『鎌倉』七九号
梅沢　恵　二〇一三年「中世鎌倉における華厳美術の移入と受容について」『東大寺　鎌倉再建と華厳興隆』
神奈川県立金沢文庫
大塚紀弘　二〇一四年「中世鎌倉における中国文化の受容―出版・建築・石碑を題材に―」中世都市研究会編

『鎌倉研究の未来』山川出版社
上川通夫　二〇一五年「塔に囲まれた平安京」『平安京と中世仏教―王朝権力と都市民衆―』吉川弘文館
関口欣也　一九九一年a「中世の鎌倉の塔」『日本建築学会大会学術講演梗概集　F分冊』
関口欣也　一九九一年b「中世五山伽藍の源流と展開」『新編名宝日本の美術15　五山と禅院』小学館
関口欣也　二〇〇五年『増補　鎌倉の古建築』有隣堂
高橋慎一朗　二〇〇五年『武家の古都、鎌倉』山川出版社
高橋慎一朗　二〇一三年『北条時頼』吉川弘文館
高橋康夫　二〇〇六年「古琉球の環境文化―禅宗寺院とその境致」鈴木博之他編『シリーズ都市・建築・歴史4　中世の文化と場』東京大学出版会
高村雅彦　二〇〇〇年『中国の都市空間を読む』山川出版社
高村雅彦　二〇一三年「「水の世界」の都市環境」高津孝編『東アジア海域に漕ぎだす3　くらしがつなぐ寧波と日本』東京大学出版会
玉村竹二　一九七六年「禅院の境致―特に楼閣・廊橋について―」『日本禅宗史論集　上』思文閣出版
永井　晋　二〇〇八年「中世都市鎌倉の発展―小袋坂と六浦―」北条氏研究会編『北条時宗の時代』八木書店
長岡龍作　二〇一〇年「平泉の美術と仏教思想」入間田宣夫編『兵たちの極楽浄土』高志書院
貫達人・川副武胤　一九八〇年『鎌倉廃寺事典』有隣堂
早島大祐　二〇一〇年『室町幕府論』講談社
細川武稔　二〇一〇年「足利義満の北山新都心構想」中世都市研究会編『中世都市研究15　都市を区切る』山川出版社

美川　圭　二〇〇二年「中世成立期の京都―権門都市の成立―」『日本史研究』四七六号
森　幸夫　二〇〇八年「得宗被官平氏に関する二、三の考察」北条氏研究会編『北条時宗の時代』八木書店

# Ⅱ　都市に暮らす・都市を訪れる

永福寺跡

# 一　中世都市鎌倉――武家政権中心地の諸相

## *1*　鎌倉の西と東――若宮大路の整備で東西を隔てる

現在の鎌倉の市街地の中心部をほぼ南北に貫く大通りが、「若宮大路《わかみやおおじ》」である。若宮大路は、その名が示すように、若宮（鶴岡《つるがおか》八幡宮）に参詣するための道として、寿永元年（一一八二）に源《みなもとの》頼朝《よりとも》が整備したものである。現代まで続く都市鎌倉の基本軸は、このように中世に作られたものだったのである。

若宮大路が造られる以前、平安時代末期にも、すでに鎌倉はある程度の集落として繁栄しており、いくつかの幹線道路が存在したと考えられる（図28）。具体的には、稲村ヶ崎《いなむらがさき》から逗子《ずし》へと抜ける海辺を東西に通る道と、山内《やまのうち》から六浦《むつら》へ抜ける山側を東西に通る道である。交通の便という点から、この時期の鎌倉では東西方向が強く意識されていたといえる。

ところが、若宮大路が整備されると状況が変わってくる。若宮大路は、何よりも鶴岡八幡宮の参詣道路であることから、儀礼的な側面が強く、東西方向の道路と若宮大路の交差点は、基本的には「上《かみ》

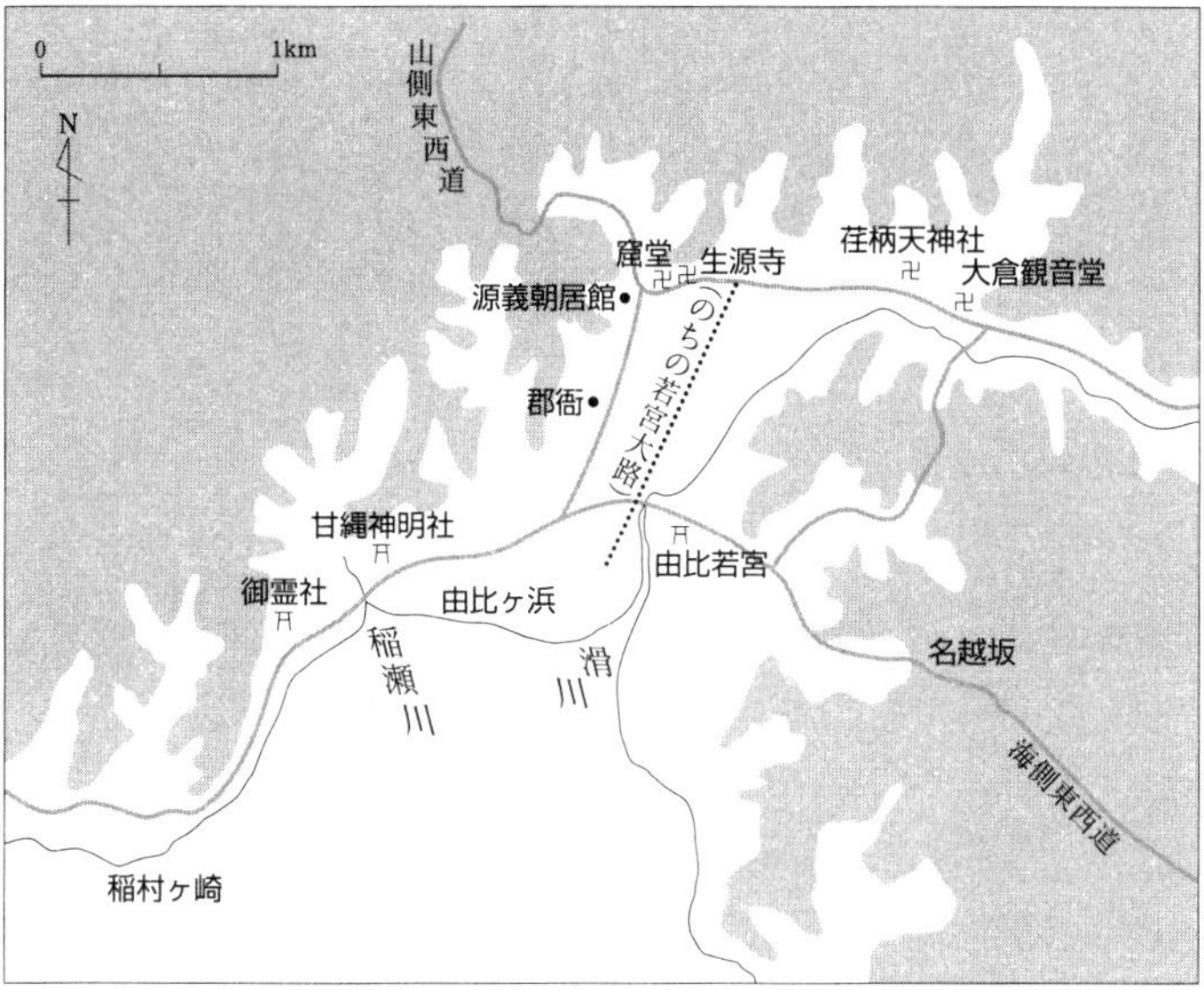


図 28　平安末期の鎌倉（高橋 2005 より）

ノ下馬《げば》」「中《なか》ノ下馬」「下《しも》ノ下馬」と呼ばれる三ヵ所に限定され、他の道から直接若宮大路へ出ることができなかったのである。また、発掘の成果などから、若宮大路沿いの、とりわけ鶴岡八幡宮に近い場所に位置する武家屋敷は、原則として大路に背を向けて建てられ、大路側に表門を構えることはなかったと考えられている〔石井他編一九八九、石井二〇〇五b〕。

したがって、若宮大路は、結果として鎌倉の西と東を隔てる役割を果たすことになったのである。若宮大路によって東西方向への火災の延焼がくいとめられたり、鎌倉内の戦闘では若宮大路が防衛線となったりしている。

ちなみに、都市の中心を南北に貫く道と

図 29　現在の若宮大路

いうことから、若宮大路と平安京の朱雀大路が似ているとされることがある。しかし、若宮大路は朱雀大路のように多くの東西道路と直交することがなく、主要な「交通」路とはなりえていなかった。また何よりも八幡宮の参詣道として、海辺から社頭に向かって三つの大鳥居が立つ道路であり、景観の面でも朱雀大路とは大きく異なっていた（図29）。

若宮大路を中心として、西と東というかたちで眺めてみると、鎌倉時代のはじめは、どちらかというと東側に都市の重点があったように思われる。最初の将軍御所である大倉御所、頼朝の墓所である法華堂、将軍建立の大寺院である勝長寿院と永福寺《ようふくじ》、これらはすべて若宮大路の東側である。後に移転した御所（宇《う》都宮《つのみや》辻《ず》子《し》御所・若宮大路御所）も、若宮大路に沿った東側であった（一〇頁図4参照）。若宮大路の両側の土地も、東側のほうが標高は高くなっており、現在もその名残が見られる。

ところが、鎌倉時代中期、北条泰時《ほうじようやすとき》・時頼《ときより》の時代以降、急速に西側が活況を呈してくるのである。山内への道が整備され、建長寺《けんちょうじ》、円覚寺《えんがくじ》が創建される。また、幕府と密接な関係を持った極楽寺《ごくらくじ》が勢力を持つようになる。「西方極楽浄土」の教主である阿弥陀如来の金銅大仏、いわゆる鎌倉大仏が若宮大路の西側、長谷《はせ》の地に建立されたのも、そうした西側の活況と無関係ではないだろう（図30）。

図30　鎌倉大仏

大きく見れば、中世都市鎌倉は若宮大路の東側から整備され、やがてそれが西側へと移っていったと見なせよう。北条氏本家（得宗《とくそう》家）が西の山内に邸宅を構えて本拠を置き、得宗家と親密な極楽寺流北条氏が、やはり西の極楽寺に別荘を置いたことは、得宗家が西、すなわち京・西国からの人や物の出入りを意識したことの表れであるかもしれない。

## 2　行き来する人々―武士のほかに人夫や労働者も

「都市」の特徴の一つとして、人や商品が大量に絶え間なく流入してくる場である、ということがあげられる。中世の鎌倉の場合は、鎌倉幕府や鎌倉府という武家政権の中心地であったことから、武家の関係者が特に頻繁に出入りする都市であった。

鎌倉幕府に仕える東国の御家人は、交替で鎌倉に滞在して、将軍御所の警備などのいわゆる「鎌倉番役」を務めなければならなかった。北条氏をはじめとする有力な御家人は、鎌倉に常住していたが、鎌倉に常住せずに本拠地と鎌倉とを往復する御家人も多かった〔秋山二〇〇六、同二〇一〇〕。

下総の御家人千葉氏の例で見れば、「千葉介《ちばのすけ》」を名乗る千葉氏本家の屋敷は確かに鎌倉にあったが、当主は地元の下総やほかの所領と鎌倉を行き来しており、鎌倉の屋敷には代官（留守番役）となる家来が常駐していたのである。

鎌倉時代中期に千葉介の鎌倉屋敷の留守番役をしていたのが、長専《ちょうせん》という人物で、彼の活動ぶりは千葉県市川市の中山法華経寺《なかやまほけきょうじ》に残された一連の日蓮《にちれん》遺文の紙背《しはい》文書によって知ることができる。この史料には、長専が書いた手紙がいくつか含まれているのであるが、その中の一つによれば、「千葉氏の所領である千束《せんぞく》郷の年貢米が、今月分の将軍御所の使用人の給料に充てられたので、催促の使いが

図31　鎌倉時代の米の運搬（『一遍上人絵伝』巻七）（東京国立博物館蔵）

屋敷に来て責め立てる。加えて、借金の返済に充てるための米の催促や、銭の受取の催促、「かね」の代金の催促も来て、暇もないありさまである。安美入道などは毎日二回も催促に来る」というようなことが書かれている（『千葉県の歴史　資料編中世2』「天台肝要文」紙背文書二四号）（石井二〇〇五a、湯浅二〇〇五）。

千葉氏の年貢米が鎌倉屋敷に集積されており（図31）、幕府からそれを払い出すことを命じられているのである。年貢米を抵当に金融業者から借金をしていることや、方々の支払いに銭が使用されていること、さらに、金属細工の材料と思われる「かね」を千葉氏が鎌倉で購入していることなどがわかる。

また、長専の別の手紙には、「二、三十人の借金取立の使者が群がって大声をあげ、「鎌倉ならい」で門前に市を成す時もある」とある（『千葉県の歴史　資料編中世2』「秘書要文」紙背文書一四号）。借金の取立人が屋敷の門前に市を成す様子が、「鎌倉の習い」つまり鎌倉を象徴する光景だ、と自嘲気味に記されているのである。活発な経済活動をめぐって、多くの人々が鎌倉の武家屋敷の周辺を行き来していたのである。

さて、右の事例に見える「かね」の売買で思い出されるのが、時代はずっと後になるが、室町時代に原型が成立したと思われる、狂言の『鐘の音』という演目（『日本古典文学大系　狂言集上』所収）である。あらすじは次のとおりである。

息子の成人にあたって刀の差し初《ぞ》めを行おうとした主人、刀の鞘に金の飾りをつけるために、太郎《たろう》冠者《かじゃ》に鎌倉へ行き「金《かね》の値《ね》」を聞いてくるように命ずる。ところが太郎冠者は鎌倉で五大堂（明王院）・寿福寺・極楽寺・建長寺などの寺々を巡って「鐘の音《ね》」を聞き比べ、帰ってから得々と主人に報告する。聞いた主人は怒り出して大騒ぎ、という具合。鎌倉が寺の多い町であるというイメージ、また金属などの取引のために周辺から人々が集まる経済の中心地であるという中世の鎌倉の一般的なイメージが、この狂言の背景にあったと思われる。

鎌倉に拠点を置く将軍や御家人たちは、荘園の領主でもあったため、各地から年貢を運んで鎌倉へやってくる人々もいた。鎌倉時代後期に鎌倉に滞在した醍醐寺《だいごじ》の僧侶の日記には、紀州の人夫が鎌倉に来ていることが記されており、これもおそらくは年貢を運んできた者であったろう（『親玄僧正日

記』永仁二年〈一二九四〉三月十二日条）。

鎌倉には幕府の関係者、武士、僧侶など、自分自身は単純労働に携わらない上層身分の人々が多く居住していた。また、都市に特有の火災の頻発により、寺社や屋敷の造営もひっきりなしに行われており、常に大量の労働者を必要としていた。したがって、飢饉などをきっかけに生活に窮した人々の中には、そうした労働力需要をあてにしたり、都市の富裕層や寺社の施しを求めたりして鎌倉へ流入した者もあったであろう。鎌倉の周縁部は、そうした難民を含む下層民の集まる場となっていたのである。

鎌倉中心部の佐助《さすけ》ケ谷《がやつ》遺跡からは、宝塔の絵と「勧進中道寺建立」という文字が刻まれた鎌倉時代の木製のハンコが出土している。これは、寺院建立の資金集めの勧進《かんじん》活動（カンパ）に際し、ハンコを押した札を渡すためのものである〔河野一九九五〕。中道寺という寺の名は、鎌倉内には見当たらず、鎌倉外部の寺と考えられる。鎌倉の中を行き来する不特定多数の人々をあてにして、寄付金集めの者も外からやって来ていたことを示唆している。

### *3*　訴訟のための鎌倉滞在—滞在のために借金も

鎌倉には幕府・鎌倉府という公共機関が存在したため、訴訟をするために各地から鎌倉へ出てくる

**図 32　安達泰盛に功績を訴える竹崎季長（『蒙古襲来絵詞』）**（宮内庁三の丸尚蔵館蔵）

人々もいた。彼らは訴訟を取り上げてもらい、判決を出してもらうまで、鎌倉に滞在せねばならなかったのである。

有名な人物としては、女流歌人で『十六夜《いざよい》日記』『うたたね』などの作者である阿仏尼《あぶつに》の例があげられる。阿仏尼は歌人藤原為家《ためいえ》の側室であったが、為家の死後に播磨《はりま》国細川庄の所有権をめぐって、為家の長男為氏《ためうじ》と阿仏尼の実子為相《ためすけ》の間に争いが起きた。そこで幕府に訴え出るために、弘安二年（一二七九）に鎌倉へ赴いたのである。その道中と鎌倉滞在中のことを記した紀行文が、『十六夜日記』である。それによれば、阿仏尼は極楽寺近くの月影《つきかげ》ヶ《が》谷《やつ》に住んでいたことがわかる。『十六夜日記』の末尾に付属する歌は、勝訴を願って鶴岡八幡宮に奉納したものと考えられている。

鎌倉時代の代表的な絵巻物である『蒙古襲来《もうこしゅうらい》

絵詞《えことば》』（宮内庁三の丸尚蔵館蔵）の主人公、肥後の御家人竹崎季長《たけざきすえなが》も、いわゆる訴訟とはやや異なるが、幕府に訴えることがあってはるばる鎌倉までやってきた人物である。文永の役における戦場一番乗りの功績を幕府に認定してもらうために鎌倉へやってきた季長は、鎌倉に着くと宿にも入らずにただちに由比ヶ浜《ゆいがはま》で身を清めて鶴岡八幡宮に参詣したのであった。先の阿仏尼の例もあるように、訴訟のために鎌倉へ出てきた人々は、首尾良い結果が得られるように、幕府の守護神でもある鶴岡八幡宮に参詣してひたすらその加護を願ったのであろう。

さて、季長は、鎌倉に滞在して幕府の奉行人（役人）たちを次々と訪ねるものの、誰にも会ってもらえない。そこで再び鶴岡八幡宮に参詣して一心に祈ると、御恩奉行の安達泰盛《あだちやすもり》に直訴する機会に恵まれ、見事に恩賞にあずかったのであった（図32）。

東寺領弓削島庄《ゆげしまのしょう》の雑掌《ざっしょう》であった加治木頼平《かじきよりひら》という人物は、訴訟のために正応四年（一二九一）に鎌倉に到着したのであるが、鎌倉滞在中の一年七ヵ月分の費用について、会計報告を残している（『東寺百合文書　と』。『鎌倉遺文』一八〇七〇号）。これを見ると、生活費として一日あたり一五〇文、一月ごとの宿代が五〇〇文、幕府の役人の接待費が三貫文などとなっている（高橋二〇〇五、秋山二〇一〇）。

右の頼平の場合は、費用は荘園領主である東寺から支給されているので、さほど生活に苦労はしなかったであろうが、それでも会計報告のなかで「支給が一時中断したのであちらこちらから借金をし

**図33　鎌倉で発掘された中世の銭（若宮大路周辺遺跡群）**（『鎌倉の埋蔵文化財』17，鎌倉市教育委員会より）

たため、その利息分も必要である」と報告しているから、まったく不安なく滞在できたわけではないようである。ましてや、組織のバックアップがない人々にとっては、訴訟のための鎌倉滞在も経済的になかなか大変であったと推測される〔高橋二〇〇五〕。

その辺の事情がうかがわれるエピソードが、『山《さん》王霊験記《のうれいげんき》』という室町時代成立の絵巻物の中におさめられている。九条頼経《くじょうよりつね》が将軍であったころ（鎌倉時代中期）、訴訟のために京都から鎌倉へやってきていた女性が、「小町の入道」という金融商から借金をしたが、返却することができず、苦境に陥る。かねてより日吉社《ひえしゃ》（山王権現《さんのうごんげん》）を信仰していたこの女性が、名越《なごえ》の山王堂に祈願したところ、金融商に神託が下って借金を帳消しにしてもらうことができた、というものである。おそらくは、この女性のように、訴訟のために鎌倉滞在を続けるうちに、生活費が底をつき、金融商から借金をせざるを得なかった者も多かったのであろう（図33）。

京都において日吉社の神人《じにん》が金融に関わっていたことを思い出すならば、鎌倉においても金融商と山王堂が密接な関係を持っていた可能性を示唆するようなエピソードである。

ちなみに、名越の山王堂は、現在では廃絶してしまっているが、鎌倉時代には別当と呼ばれる責任者が置かれるような、それなりの規模を持つ寺院であり、海運関係者の信仰も集めていたらしい。さらに、室町時代の文明十五年（一四八三）に書写された『地蔵菩薩霊験絵詞』（『古典文庫』一一八所収）によれば、各地で著名な「地蔵霊験所」の一つとして、「鎌倉名越山王堂」があげられている。室町時代には、地蔵信仰の場としても、多くの参詣者を集めるようになっていたのである。金融・流通関係者をはじめ、庶民の信仰に支えられたきわめて都市的な寺院であったといえよう。こうした鎌倉の代表的な寺社には、訴訟の上首尾を願って参詣する者も含まれていたのであろう。

## *4*　都市の治安維持―人身売買も横行

鎌倉に流入する多種多様な人々の中には、犯罪者や不審人物も紛れ込んでいる可能性があり、幕府は人々を監視し、治安維持に気を配らねばならなかった。たとえば、延応二年（一二四〇）には、「鎌倉中の保《ほう》（鎌倉内部の行政単位）を分担して受け持つ奉行人たちに対して、幕府から「旅人への警戒をするように」」と命じる法令が出されている（『中世法制史料集　第一巻』追加法一二三条）。ただし、実際には鎌倉を訪れる旅人すべてを幕府が把握することができたとは、到底思えない。弘長二年（一二六二）に出された幕府の法令は、「編み笠をかぶったままで鎌倉中を通行することを禁止する」というもので、これは、不審人物が顔を隠して市中に紛れ込むことを防止するためのものであろう。

さまざまな人々が流れ込み、また多くの働き手を必要としていた鎌倉では、人身売買も横行し、問題となっていた。鎌倉時代中期の建長年間（一二四九〜五六）に出された鎌倉幕府の法令（『中世法制史料集　第一巻』追加法三〇九条）では、「人商人《ひとあきびと》が鎌倉中や諸国の市に多くいると聞くので、以後は、鎌倉については保の奉行人に命じて、リストを作成して追放させよ。諸国においては、守護に処罰させるように」と命じているのである。鎌倉には、リストを作らねばならぬほどの「人商人」、すなわち人身売買を職業とする者たちが存在したのである。

また、建長元年（一二四九）七月十三日関東下知状（『相良家文書』。『鎌倉遺文』七〇九一号）によれば、肥後の相良頼重《さがらよりしげ》という武士は、訴訟の相手方から「下人二人を捕らえて、そのうちの一人を鎌倉において売買しようとした」として非難されている。訴訟における一方の主張であるから、必ずしも完全な事実として認めるわけにはいかないが、肥後からはるばる鎌倉まで下人を連行して売買するという話が、ある程度の真実味を持っていたということであるから、いかに鎌倉が人身売買の市場として「繁盛」していたかがわかる。

最後におまけとして、都市鎌倉らしい珍事件を一つ紹介しよう。『吾妻鏡』の寛元四年（一二四六）十二月二十八日条に見える事件が、それである。紀伊重経《きいしげつね》という御家人の丹後の所領から、人夫が年貢米を鎌倉へ運送してきたのであるが、人夫は年貢を持ち逃げして姿をくらましてしまう。後日、この人夫が鎌倉の米町で重経に発見され、逃げる人夫と追いかける重経の家来が、町中を駆け抜けそのまま将軍御所に乱入してしまったのである〔高橋二〇〇五、秋山二〇一〇〕。責任を問われ、主人の重経は丹後の所領を没収されてしまうという結末、少々気の毒なような気もする。

それはさておき、年貢米を持ち逃げした人夫は、年貢を当座の生活費に充て、都市鎌倉で仕事を得ようとしたものであろう。米町をうろうろしていたのは、あるいは年貢米を換金したところであったかもしれない。まさに、物と人の交錯する「中世都市鎌倉」ならではの事件、ということができよう。

【参考文献】

秋山哲雄　二〇〇六年『北条氏権力と都市鎌倉』吉川弘文館
秋山哲雄　二〇一〇年『都市鎌倉の中世史—吾妻鏡の舞台と主役たち—』吉川弘文館
石井　進　二〇〇五年ａ『石井進著作集7　中世史料論の現在』岩波書店
石井　進　二〇〇五年ｂ『石井進著作集9　中世都市を語る』岩波書店
石井進・大三輪龍彦編　一九八九年『よみがえる中世3　武士の都　鎌倉』平凡社
河野眞知郎　一九九五年『中世都市鎌倉—遺跡が語る武士の都』講談社
高橋慎一朗　二〇〇五年『武家の古都、鎌倉』山川出版社

湯浅治久　二〇〇五年「「御家人経済」の展開と地域経済圏の成立―千葉氏を事例として―」『中世都市研究11
交流・物流・越境』新人物往来社

# 二　中世の都市と三浦一族

## 1　都市と武士

私は、以前『中世の都市と武士』（吉川弘文館、一九九六年）の「あとがき」において、次のように記した。

武士はもっぱら地方の農村において活動するもの、という観念は、克服されつつあるにもかかわらず、都市における武士の具体像の解明は、いまだ十分なものとは言えない。

かつては、「都《みやこ》から離れた草深い農村で、土地を耕しながら生活をしていた農民が、自衛のために武器を持って武士になった」というイメージが大変強かったのであるが、そういう武士像は最近、大きく変更を迫られている。

「歴史像」が変わるというと、少々不思議な感じがするかもしれない。「歴史」というのは、小・中学校や高校の教科書で読んだことがすべてだと思われがちであるが、実は日本史の教科書の内容も、時代とともに変わっているのである〔高橋秀樹他二〇一六〕。何が変わるのかというと、歴史的事実そのものではなく、解釈の仕方が時代とともに変わってきているのである。歴史の研究が進むことによって、歴史の解釈が変わり、それに伴って、教科書の叙述も徐々に変化してきているのである。

武士についても最近は、地方の農村における活動だけではなく、京都での活動、武芸に秀でた職能の側面、流通・交通・都市との関わりなどが注目されるようになっている〔伊藤瑠美二〇一四〕。また、農耕民的性格を持っていた武士に、中世に入って新たに都市生活者としての性格が加わる、との指摘もあり〔五味一九九二〕、武士の生活の舞台として、一層「都市」に着目すべき状況にある。

それでは、「都市」とは何であろうか。現代の日本は、「どこもかしこも都市ばかり」といってもよいほどに、都市の存在は身近である。しかし、大都市・中都市・小都市というように、都市の規模だけを見てもさまざまなレベルがあり、多種多様な現代都市に共通する性格を簡潔に定義することはきわめて難しい。さらに時代を遡って、中世の都市とはどのようなものかという問いに答えることは、より一層難しいが、その特色をいくつか指摘することはできる。

まず、一番わかりやすい特色は、都市は人が大量に集まっているところ、人が大量に住んでいるところである、ということである。

しかし、この特色のみでは、もちろん十分ではない。二番目にあげられる特色は、農林水産業などの直接の生産に関わらないような人、具体的には、商工業者や今で言う公務員・サービス業者にあたるような人々が多数集まっている場所である、ということである。

さらにもう一つ、都市の特色としてあげるべきは、物や人が大量に頻繁に出入りする場所である、ということである。都市は人が多いために商品の需要も大きく、大量の商品が集まってきたのであり、そうした商品を購入するために、地方から都市へと足を運ぶ人もいたのである。

以上のような中世都市の特色をふまえると、武士と都市が密接な関連を持っていたことは容易に想像できる。なぜならば、武士は、一族・家臣とともに一種の軍団を形成し、集団で居住することが多く、中世には、その武力を背景に次第に社会的地位を高め、公務員的な存在となり、さらには物流を促進する地域の有力者となっていったからである。したがって、中世において、武士が住むような場所は、おのずから都市の性格を持つことが多かったのである。

本章では、中世東国を代表する武士団・三浦一族を取り上げる。三浦一族は、鎌倉に隣接する三浦半島に拠点を置き、国衙に関与した中世前期の典型的な有力武士であり、近年急速に研究が進展し〔高橋秀樹二〇一六〕、京都との密接な関わりも指摘されている〔野口二〇〇六〕。この三浦一族について、特に鎌倉と京都を取り上げ、それぞれの中で、どのような場所と関係を持っていたのかを明らかにしていきたい。

## 2　三浦一族と鎌倉杉本

まず、平安末期の鎌倉の状況を見てみよう（一三五頁図28参照）。源頼朝《みなもとのよりとも》が幕府を置く前の鎌倉では、まだ鶴岡《つるがおか》八幡宮は存在せず、したがって「若宮大路」という、のちのメインストリートになる道も存在しない。主要な道としては、海岸沿いに東西方向の道があり、もう一つ、山側にもやはり東西に走る道があったと考えられる。この二つの道をつなぐ道が若宮大路の西側に走っており、その道沿いの今小路《いまこうじ》西《にし》遺跡（現御成《おなり》小学校）の場所には、十世紀ごろまで鎌倉郡の郡衙《ぐんが》があったと推定されている〔今小路西遺跡発掘調査団編一九九〇、山中一九九〇、大平一九九〇〕。

鎌倉に関しては、幕府が置かれたことによって新しく都市になったというイメージが強いが、実際には、それ以前から地域の中心地であったことは、郡衙という郡の役所が置かれていたことからもわかる。幕府が置かれてからさらに、鎌倉は都市として発展をするのであるが、その前提はすでに整っていたということである。

さて、三浦一族は鎌倉の近くを本拠地としており、当然ながら早くから鎌倉にも拠点を構えていた。それは、一つは「杉本《すぎもと》」という場所である。鶴岡八幡宮から六浦《むつら》方面へ向かう道（六浦道）沿いに、杉本寺《すぎもとでら》という古くからある寺院があり、その辺りを杉本と呼んでいる。この杉本に、三浦一族の拠点があったことが指摘されている〔真鍋二〇〇五〕。

では、具体的に誰がこの辺りに拠点を持っていたのであろうか。三浦義明《みうらよしあき》の子息で、頼朝挙兵の少し前に没した義宗《よしむね》が、「杉本」義宗と通称されており、この義宗が鎌倉の杉本に初めて拠点を構えたと考えられる〔図34〕。

なお、杉本義宗の杉本が別の場所ではないかという説もある。すなわち、三浦一族のもともとの本拠地といわれる横須賀市の矢部の近くの「杉下《すぎもと》」が、義宗の本拠地ではないかという説〔湯山二〇〇二年〕である。これも魅力的な説ではあるが、義宗の息子の義茂が頼朝挙兵時に犬懸坂《いぬかけざか》を越えて名越《なごえ》から逗子の小坪《こつぼ》へ駆けつけたという『源平盛衰記』の記述から考えて、出発点〔義宗邸〕は杉本寺付近になる、という指摘〔石井二〇〇五〕に、より説得力があると思われる。

また、杉本寺の南側にあたる「杉本寺周辺遺跡」からは、鎌倉前期〔十二世紀末〜十三世紀前半〕の大型武家屋敷の遺構が発掘されており、杉本義宗および子息和田義盛《わだよしもり》の一族の屋敷の可能性がある〔岡一九九五、杉本寺周辺遺跡発掘調査団編二〇〇二〕。

さて、この鎌倉の杉本という場所は、どういう性格の場所かということを考えてみたい。杉本寺は古くは「大倉観音堂」と呼ばれ、頼朝が鎌倉に幕府を置く以前に創建されたと考えられている〔図35〕。杉本寺の側を通っているのが、やはり古くからある道で、鎌倉から六浦へ抜けていく重要な道であった。

図34　三浦氏系図

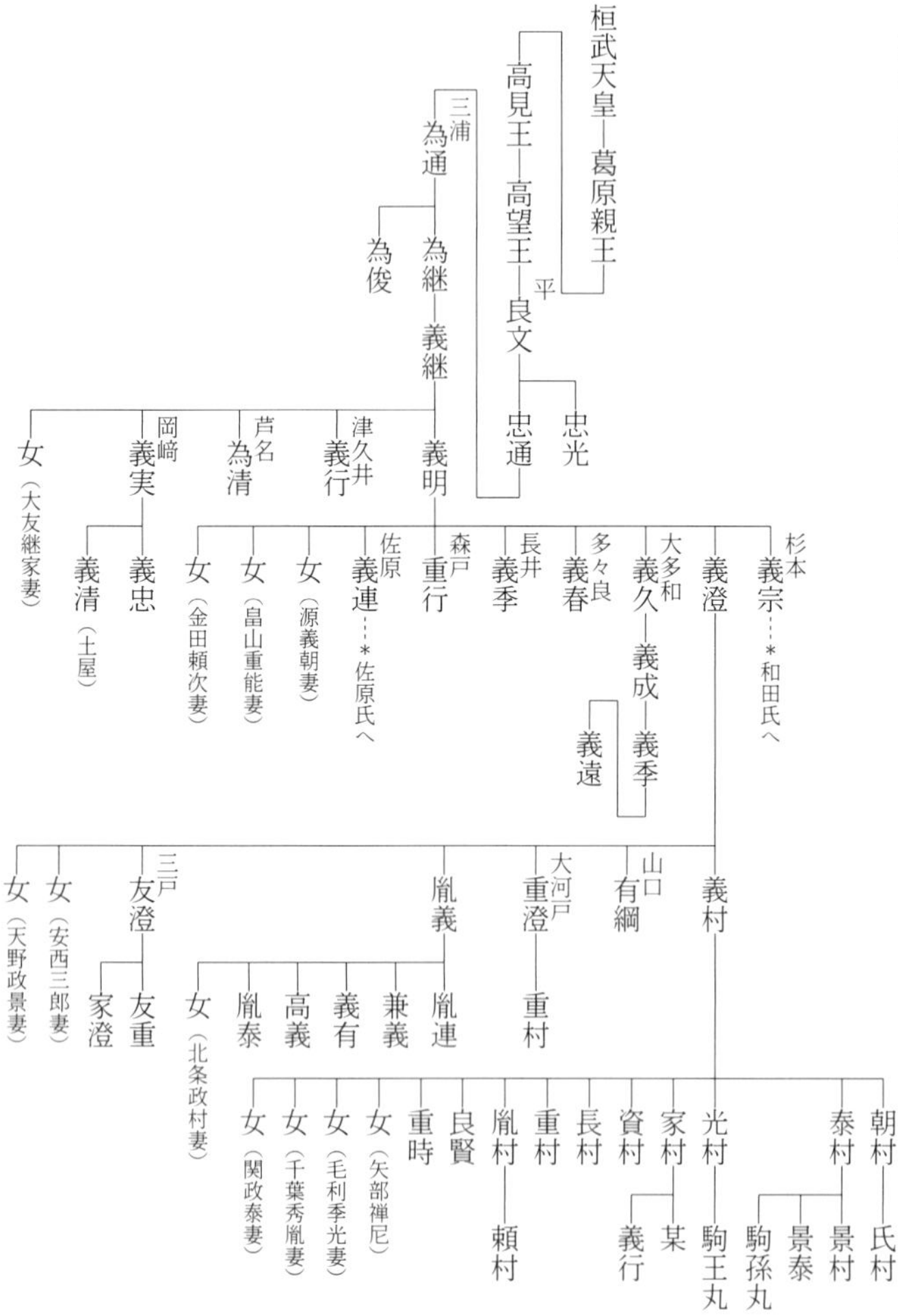
桓武天皇—葛原親王
高見王—高望王
平
良文
忠光
忠通
三浦
為通
為俊
為継
義継
義明
津久井
義行
芦名
為清
岡﨑
義実
女（大友継家妻）
義忠
義清（土屋）
杉本
義宗……＊和田氏へ
義澄
大多和
義久
義成
義季
義遠
多々良
義春
長井
義季
森戸
重行
佐原
義連……＊佐原氏へ
女（源義朝妻）
女（畠山重能妻）
女（金田頼次妻）
義村
山口
有綱
大河戸
重澄
重村
胤義
胤連
兼義
義有
高義
胤泰
女（北条政村妻）
三戸
友澄
友重
家澄
女（安西三郎妻）
女（天野政景妻）
朝村
氏村
泰村
景村
景泰
駒孫丸
光村
駒王丸
家村
某
義行
資村
長村
重村
胤村
頼村
良賢
重時
女（矢部禅尼）
女（毛利季光妻）
女（千葉秀胤妻）
女（関政泰妻）

〔和田氏〕

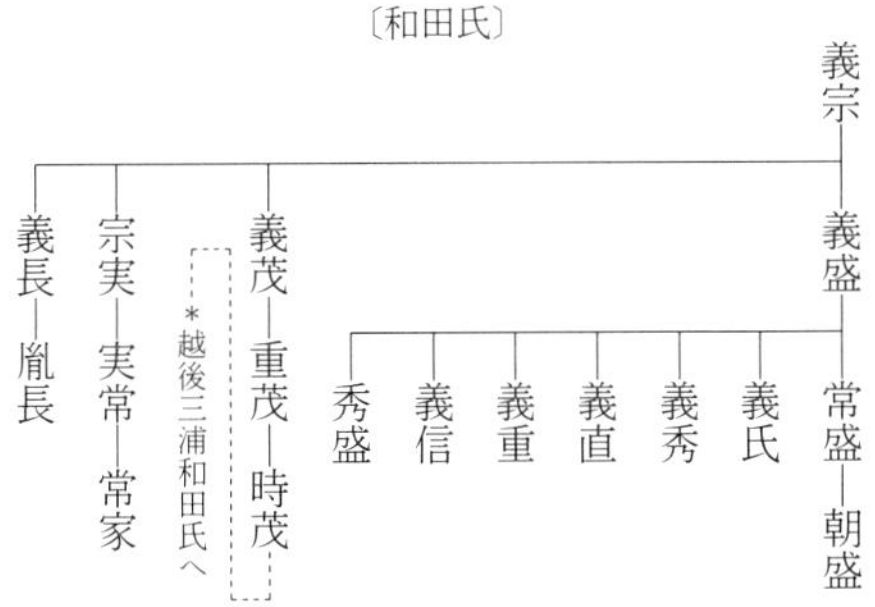
義宗
義盛
常盛
朝盛
義氏
義秀
義直
義重
義信
秀盛
義茂
重茂
時茂
＊越後三浦和田氏へ
宗実
実常
常家
義長
胤長

〔佐原氏〕

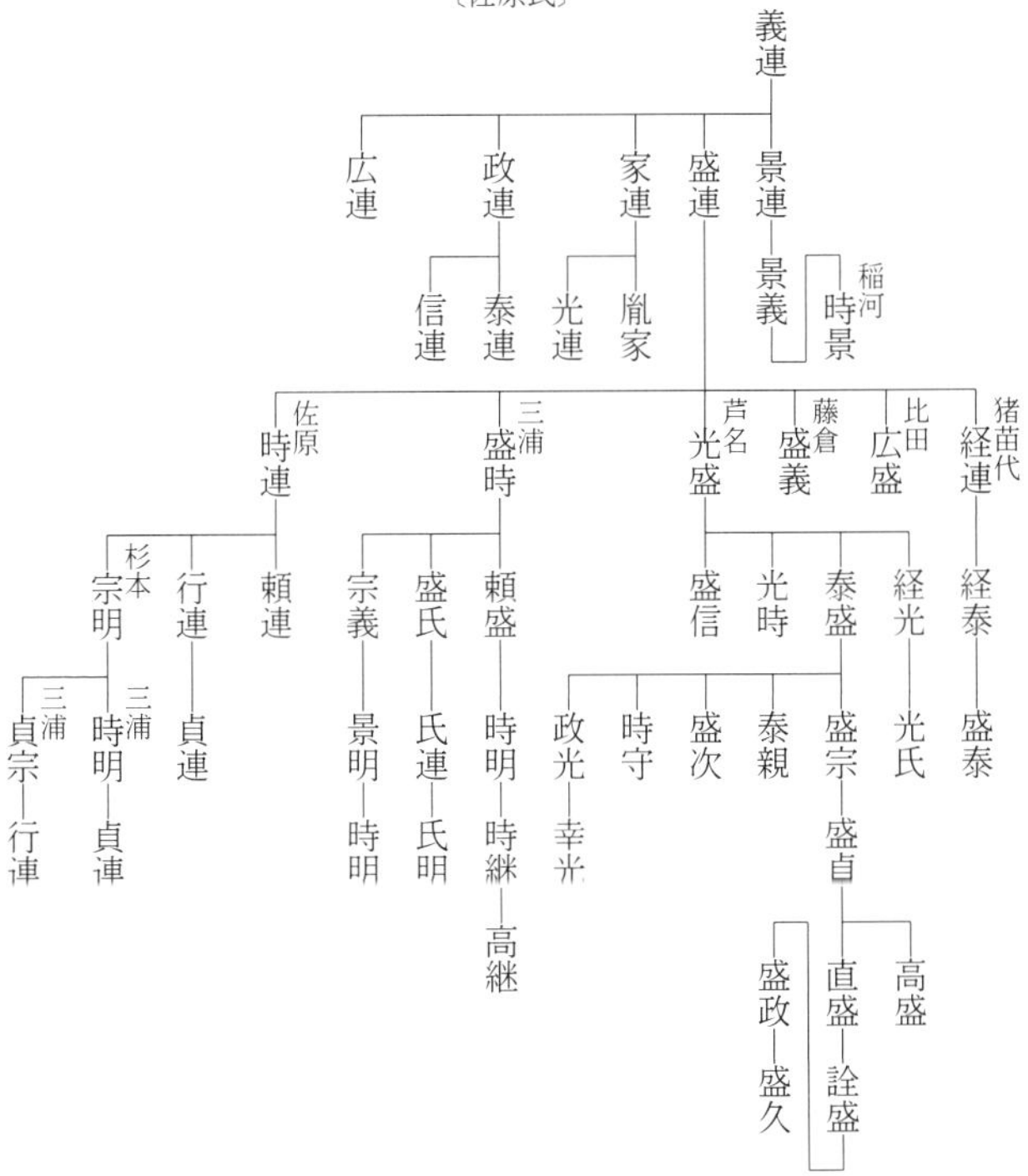
義連
景連
景義
稲河
時景
盛連
家連
胤家
光連
政連
泰連
信連
広連
猪苗代
経連
経泰
盛泰
比田
広盛
藤倉
盛義
芦名
光盛
経光
光氏
泰盛
盛宗
盛貞
高盛
直盛
詮盛
盛政
盛久
泰親
盛次
時守
政光
幸光
光時
盛信
三浦
盛時
頼盛
時明
時継
高継
盛氏
氏連
氏明
宗義
景明
時明
佐原
時連
頼連
行連
貞連
杉本
宗明
三浦
時明
貞連
三浦
貞宗
行連

図35　現在の杉本寺

さらに、杉本寺の南から、釈迦堂谷という谷と犬懸谷という谷に挟まれた尾根を越えて、名越に抜け、海岸沿いの道を経由して逗子へと出る道が、中世に存在したことが想定される〔岡二〇〇四〕。杉本という場所は、幕府設置以前から交通上の重要な場所であったのである。

ちなみに、坂東《ばんどう》三十三ヵ所という観音霊場めぐりの巡礼ルートが、杉本寺から南へ下って逗子へ抜けて岩殿《いわどの》観音へ、という順序をたどる。この三十三ヵ所の巡礼ルートは、中世には成立していたと考えられており、中世以前からの道がそのまま巡礼のルートになったものであろう。

さて、義宗の後、三浦一族と杉本の場所との関係は明確な史料では確認できない。子息の義盛・義茂はともに和田と名乗り、一族で杉本と名乗る者がしばらくは見当たらないのである。しかしながら、先に見たように、杉本寺周辺遺跡の大型屋敷は依然として使用されていたとみられ、杉本寺の西に位置する荏柄天神社《えがらてんじんしゃ》近くに、和田胤長《たねなが》という人物が土地を所有していたことがわかっている（『吾妻鏡』建保元年〈一二一三〉三月二十五日条）。胤長は義宗の息子の義長の子であり、和田義盛の甥にあたる。したがって、少なくとも、和田一族が和田合戦に敗れて没落する建保元年（一二一三）までは、三浦一族が杉本周辺に拠点を構えていたことは確かである。

さらに、和田合戦以降も、『吾妻鏡』貞永元年（一二三二）十月五日条によれば、大倉観音堂（杉本寺）の近くの土地を大多和《おおたわ》左衛門尉という人物が支配していたことがわかる。この大多和左衛門尉こそが、三浦氏の一族なのである。三浦義明の息子に大多和義久という人物があり、義久のあとは義成《よしなり》―義季《よしすえ》―義遠《よしとお》と続いている（図34参照）。おそらく大倉観音堂近くの場所を支配していたのは、大多和義季か、その子の義遠であろうと思われる。

さらに、鎌倉時代後期に、三浦一族の中から「杉本」を名乗る人物が現れる。佐原時連《さはらときつら》の息子の宗明が杉本を名乗っており（図34参照）、この人物が何らかの形で杉本周辺と関係を持っていたということがわかるのである。以上より、鎌倉時代を通じて三浦一族は杉本寺周辺と何らかの関係を持ち続けていたといえる。

## 3　三浦一族と鎌倉亀谷

次に、鎌倉における三浦一族の二つめの拠点として、亀谷《かめがやつ》という場所を取り上げてみたい。鶴岡八幡宮の西側、浄光明寺・英勝寺・寿福寺などが存在し、現在の地名で扇ガ谷《おうぎがやつ》と呼ばれる場所は、古くは「亀谷」といわれていた。この亀谷周辺にも、三浦一族が早くから拠点を構えていたことがわかっている。

『吾妻鏡』の治承四年（一一八〇）十月七日条には、「源頼朝が、亀谷の父義朝《よしとも》の屋敷跡の辺りに、自分の御所を造ろうとしたが、あまり土地が広くないので、どうしようかと思った。さらに、岡崎義実《おかざきよしざね》が義朝の菩提を弔うために堂を建てていたので、取り止めにした」と記されている。

結局、頼朝は大倉に御所を建てることになるのであるが、注目されるのは亀谷に岡崎義実が堂を建てていた、ということである。岡崎義実は、実は三浦義明の兄弟であり、三浦一族の者であった。

続いて、『吾妻鏡』養和元年（一一八一）三月一日条には、「源頼朝が土屋義清《つちやよしきよ》の亀谷の堂において、母の追善供養の仏事を行った」という記事がある。土屋義清は、岡崎義実の子であり、義実の堂をそのまま受け継いでいたものと考えられる。

亀谷の堂がその後どうなるかというと、『吾妻鏡』正治二年（一二〇〇）閏二月十二日条に関連記事が収められている。「北条政子が、土屋義清の亀谷の土地を没収して新たに寺を造ることにした」という記事である。政子が新造した寺が、寿福寺という鎌倉の代表的な禅宗寺院であった。

この時に、三浦一族の亀谷の拠点は全部没収されて寿福寺になってしまったとも考えられるが、実際には寿福寺ができたあとも、三浦一族の拠点が残っていたと考えられる。たとえば、『吾妻鏡』建仁元年（一二〇一）三月十日条には、「土屋義清と和田義盛の屋敷、由比ケ浜辺りの民家が焼けた」という記事があり、亀谷の南から由比ケ浜にかけての辺りに三浦一族の拠点があったということがわかるのである〔伊藤一美二〇〇四〕。

のちに和田合戦において土屋義清は戦死し、首は寿福寺に埋葬されて鎮魂がはかられた。その背景には彼が亀谷を拠点とし、寿福寺建立に協力したことがあった、と指摘されている〔田辺二〇一四〕。

さらには、和田義盛の弟宗実《むねざね》の子・実常《さねつね》が、「由比太郎」と名乗っており、この人物が由比の辺りに拠点を持っていたということが示唆されている。和田実常の子常家《つねいえ》もまた、「由比七郎」という通称で呼ばれている。以上より、寿福寺建立後も、三浦一族の拠点が依然として亀谷周辺に存在したと思われる。

そのほか、室町時代のものではあるが、次のような興味深い史料がある（沙弥聖喜所領所職譲状写『楓軒文書纂所収石川文書』。『神奈川県史資料編3』五八九三号）。

譲与　子息五郎盛久所々事

合

一陸奥国会津郡守護職

一同大沼郡

一同大会津郡

一同那（耶）摩郡
一同河沼郡
一蜷河庄
一新宮庄
一加納庄
一越後国小河庄
一奥州長井庄内伊保郷
一京屋地〈四条坊門油小路〉
一重代鎧袖、同重代旗
　右、かの所々は、聖喜本領相伝当知行地也。
一相模国三浦郡葦名郷・同山口郷并に鎌倉屋地〈一所大倉尺迦堂谷一所亀谷石切〉、信濃木嶋郷、周防国久賀保日前郷、下総国白井庄、このほか所々本訴地、これらは、不知行たりといえども、後日の訴訟のため、手続証文を相副え、子息の五郎盛久に譲与する所也。仍譲状件の如し。
永享六年（一四三四）六月五日　沙弥聖喜（花押）

この文書は、沙弥《しゃみ》聖喜《せいき》（芦名《あしな》盛政《もりまさ》）が、子息の五郎盛久《もりひさ》に財産を譲る際に作成した証拠書類である。

芦名盛政は、三浦一族である佐原氏の人物で（図34）、盛久に譲る役職や所領がリストアップされている。最後の部分に「鎌倉の屋地」というものが見えているが、そのうちの一ヵ所が「大倉の尺（釈）迦堂谷」、もう一ヵ所が「亀谷の石切」という場所である、との注記が付いている。

厳密には、この最後の部分にあげられている所領は、「不《ふ》知行《ちぎょう》（所有が有名無実化している）であるが、後に訴訟によって取り返すために、証拠の書類を譲る」とされている場所である。すなわち、当時はすでに佐原氏の手を離れていたが、かつてはその所領であった、ということである。

なかでも注目されるのは、「亀谷の石切」という場所で、ここに中世には新福寺という禅宗寺院があったということがわかっている。新福寺は寿福寺の南の観音山にあり、山号を石切山といったという（貫他一九八〇）。

また、江戸時代の万治二年（一六五九）刊『鎌倉物語』（『近世文学資料類従　古板地誌編』所収）「石切谷」の項に、「寿福寺より南にしの岩石切立たる谷あり。それをいふといへり」とある。寿福寺の南西の谷を石切谷と呼んでいたことがわかり、ここが「亀谷の石切」であることは間違いない（図36）。なお同書では、「いわきりやつ」と振り仮名をつけている。

室町時代の永享六年（一四三四）以前のいつごろまで、佐原氏が石切の地を保有していたのか、正確なところは不明である。しかし、少なくとも鎌倉時代後期ごろまでは、引き続き三浦一族が寿福寺付近の場所を所有していたのではなかろうか。

三浦氏と石切の関係が鎌倉時代まで遡る可能性については、さらに状況証拠となる史料が存在する。

図36　現在の石切谷付近

それは、三浦義村の子・良賢《りょうけん》が、宝治合戦で三浦本家が滅んだ後に捕えられた事件についての、『吾妻鏡』の記事である。『吾妻鏡』弘長元年（一二六一）六月二十二日条に、「亀谷の石切谷辺りで良賢を捕まえた」とあるもので、「たまたま亀谷の石切の辺りに良賢がふらふらしているところを見つけたので、そこで捕まえた」とも読みとれるが、むしろ亀谷の石切の辺りに三浦一族の拠点があり、そこに良賢が潜んでアジトにしていたと考えたい。寿福寺を北条政子が建てるときに、亀谷の三浦一族の土地は全部没収されたのではなくて、一部を寄進して、残る部分は依然として三浦一族が手元に残しておいた、ということも考えられる。

　ところで、先に見た芦名盛政の譲状の中で、鎌倉の土地二ヵ所うちのもう一ヵ所は、「大倉の釈迦堂谷」であった。この大倉の釈迦堂谷という場所は、実は杉本のすぐ南側に位置している。つまり、前節で見たように、三浦一族が鎌倉時代を通じて杉本の辺りに拠点を持っていたということが、ここからも裏付けられるのである。

これまで見てきたことから、頼朝が幕府を置く前から三浦一族は鎌倉に拠点を置いており、それを鎌倉時代の終わりまで保持し続けていたと考えられる。拠点の一つが杉本の辺り、もう一つが亀谷の辺りであり、ちょうど鎌倉の東と西の交通の要所であった。このことは、三浦一族が鎌倉の近くに本拠地を置いていたため、重要な場所を他の御家人たちに先駆けて押さえることができた、ということであろう。換言すれば、頼朝が幕府を置く前から、三浦一族が交通の要所に目をつけて拠点を確保していたということである。

三浦一族の鎌倉内の拠点に関しては、もう一つ、今まで触れてこなかった場所がある。それは、「西御門《にしみかど》」という場所である。西御門というのは、言葉の意味からいうと、頼朝の御所、大倉御所の西の門の辺りということになり、現在の場所でいえば横浜国立大附属小学校の辺りから、もう少し奥にかけての地域になる。

『吾妻鏡』の中に、三浦本家の三浦義村と子息の泰村の屋敷が西御門にあったということが見えている。ただ、残念ながら、西御門のどの辺りか、正確な位置まではわかっていない。

また、西御門の屋敷は、三浦本家が滅びる宝治元年（一二四七）の宝治合戦についての『吾妻鏡』の記事にも見えているが、その後どうなったかということについても、不明である。おそらく宝治合戦のあとは三浦一族の拠点はなくなってしまったと思われる。以上が、鎌倉と三浦一族との関係である。

## 4　三浦一族と京都

三浦一族は、京都とも深い関係を持つ武士団であった〈野口二〇〇六〉。以下、都市京都における三浦一族の拠点という視点に絞って、簡単に触れておきたい。

鎌倉時代の三浦一族と京都の関係については、『法観寺文書』の中に、特に重要な史料が存在する。それは、正安元年（一二九九）五月十八日関東御教書案《みぎようしよ》（『新横須賀市史　資料編　古代中世Ⅰ』「資料を読む・三浦一族と京都の土地」参照）という文書である。同史料によると、「佐原太郎左衛門跡後家地」である「綾小路以北、東洞院以西」の土地「弐戸主《へぬし》」と、「三浦後家地」である「四条以南、高倉以東」の土地「弐戸主」が、幕府から八坂寺《やさか》（法観寺）に寄進されたことがわかる。二ヵ所の土地は、宝治元年（一二四七）の宝治合戦の際に、三浦一族の手を離れ幕府に没収されていたものと思われる。

二ヵ所の土地は、京都洛中の四条通り沿いの、比較的鴨川に近い場所に位置している（図37参照）。ここに三浦一族の関係者が土地を所有していたことは確かであるが、実際に居住していたわけではないであろう。当時の武士たちは京都の中でどのような住み方をしていたかというと、多くは鴨川の東側の六波羅といわれる辺りに拠点を置いていた〈高橋慎一朗一九九六〉。それとは別に、鴨川を渡った洛中にも土地を所有していて、その土地を誰かに貸していたものと考えられる。

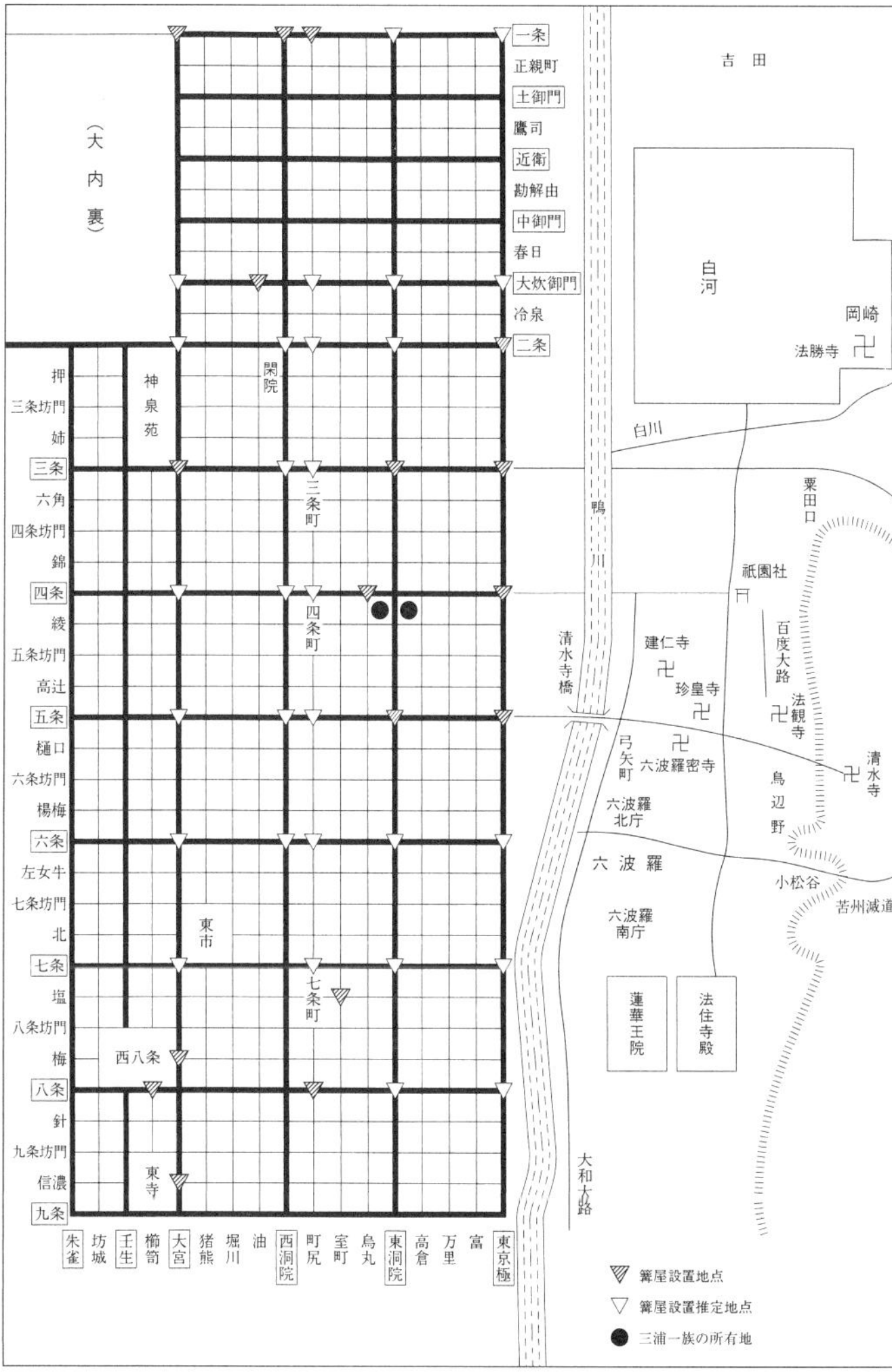


**図37　鎌倉時代の京都地図**（『京都・激動の中世』京都文化博物館，1996年より一部改変）

以上、三浦一族が、鎌倉や京都といった都市の中にいくつかの拠点を持っていたこと、そしてその拠点がそれぞれ重要な意味を持っていたということを明らかにした。いわば都市の中でどのような場所に住むのかということは、一種の自己表現というような側面を持っていたのである。

【参考文献】

石井　進　二〇〇五年「中世六浦の歴史」『石井進著作集9　中世都市を語る』岩波書店、初出一九八六年
伊藤一美　二〇〇四年「初期三浦武士団の歴史的位置―初期和田氏の再考―」『三浦一族研究』八号
伊藤瑠美　二〇一四年「中世武士のとらえ方はどう変わったか」秋山哲雄他編『日本中世史入門―論文を書こう―』勉誠出版
今小路西遺跡発掘調査団編　一九九〇年『今小路西遺跡（御成小学校内）発掘調査報告書』鎌倉市教育委員会（河野眞知郎執筆）
大平　聡　一九九〇年「古代の地方行政制度」『神奈川地域史研究』九号
岡陽一郎　一九九五年「中世居館再考―その性格をめぐって―」五味文彦編『中世の空間を読む』吉川弘文館
岡陽一郎　二〇〇四年「都市周縁を走る「みち」―犬懸坂への「みち」から―」藤原良章編『中世のみちを探る』高志書院
五味文彦　一九九二年『武士と文士の中世史』東京大学出版会
杉本寺周辺遺跡発掘調査団編　二〇〇二年『杉本寺周辺遺跡　二階堂杉本912番地ほか地点発掘調査報告』鎌倉市教育委員会（馬淵和雄執筆）
高橋慎一朗　一九九六年『中世の都市と武士』吉川弘文館

高橋秀樹　二〇一六年『三浦一族の研究』吉川弘文館
高橋秀樹・三谷芳幸・村瀬信一　二〇一六年『ここまで変わった日本史教科書』吉川弘文館
田辺　旬　二〇一四年「中世の戦争と鎮魂―土屋義清の首をめぐって―」高橋典幸編『牛活と文化の歴史学5
　戦争と平和』竹林舎
貫達人・川副武胤　一九八〇年『鎌倉廃寺事典』有隣堂
野口　実　二〇〇六年「三浦氏と京都―義経の時代を中心に―」『三浦一族研究』一〇号
真鍋淳哉　二〇〇五年「中世初期における三浦氏の諸問題―市史刊行の成果から―」『三浦一族研究』九号
山中敏史　一九九〇年「今小路西遺跡と役所」『神奈川地域史研究』九号
湯山　学　二〇〇二年「シンポジウム三浦氏と北条氏」における発言『三浦一族研究』六号

# 三　一遍にとっての鎌倉

## 1　『一遍聖絵』巻五の風景はどこか

『一遍聖絵《いっぺんひじりえ》』（清浄光寺《しょうじょうこうじ》蔵）のなかの印象深い場面の一つに、幕府の本拠地鎌倉に入ろうとする一遍の一行と、それを阻止しようとする武士の一団が対峙する巻五の場面がある（図38）。詞書《ことばがき》によれば、弘安五年（一二八二）三月一日、一遍の一行は、鎌倉の北西の入り口にあたる小袋坂《こぶくろざか》（巨福呂坂）から鎌倉へ入ろうとした。小袋坂は、ちょうどこの日に幕府執権北条時宗《ほうじょうときむね》が鎌倉から山内《やまのうち》へ向かう通り道になっていたので、「避けたほうがよい」と忠告する人があったが、一遍は「思うところがある」として、あえてここから入ろうとしたという。幕府の実質的な最高責任者の北条時宗に直接念仏をすすめ、鎌倉での布教を公認してもらう意図があってのことであろう。しかし、時宗に先行して道筋を警備する武士たちによって行く手を阻まれ、一遍の一行は鎌倉の外の山で一夜を過ごすことになる。

該当する部分の絵を見てみると、境界の木戸を越えて右に進もうとする一遍と、左へ進もうとする

**図38　小袋坂にて鎌倉入りを拒まれる一遍（『一遍聖絵』第5巻）**（清浄光寺〈遊行寺〉蔵）

武士たちが向かいあっている。象徴的に描かれる木戸を境に、左は山の風景、右は道の両側に並ぶ町屋と谷のあいまから姿を見せる家々の屋根、つまり鎌倉の町の風景となっている。この絵の風景が、鎌倉のどこを描いたものであるかについては、小袋坂の外側（現在の北鎌倉駅付近）とする説（馬淵一九九四）、またはさらにその外側の山内荘《やまのうちのしょう》（現在の横浜市栄区）の鎌倉街道沿いとする説（石塚二〇一〇）などがある。実際はともかくとして、絵に描かれている風景は、山と町の対照的な描き方からみて少なくとも鎌倉の境界の地であることは明らかである。したがって、詞書に書かれている「小袋坂」を越えて、鎌倉の町中へ入ってきた場所、つまり鶴岡《つるがおか》八幡宮の西の脇へ出てきた辺りの風景かと思われる（高橋二〇一一〕（図39）。

ところが、そうなると当然描かれるべき鶴岡八幡宮が描かれていないことが気になってくる。現在の旧小袋坂からながめる風景から類推しても、鶴岡八幡宮が描かれて不思議はないのである（図40）。詞書には鶴岡八幡宮は登場しないので描かれなかった、と解釈することも可能であるが、『一遍聖絵』では詞書になくてもその場所を象徴する重要な景観が描かれることは、しばしば見られることである。たとえば、巻三の那智社、巻六の江ノ島、同じく巻六の富士川などがそれにあたる。

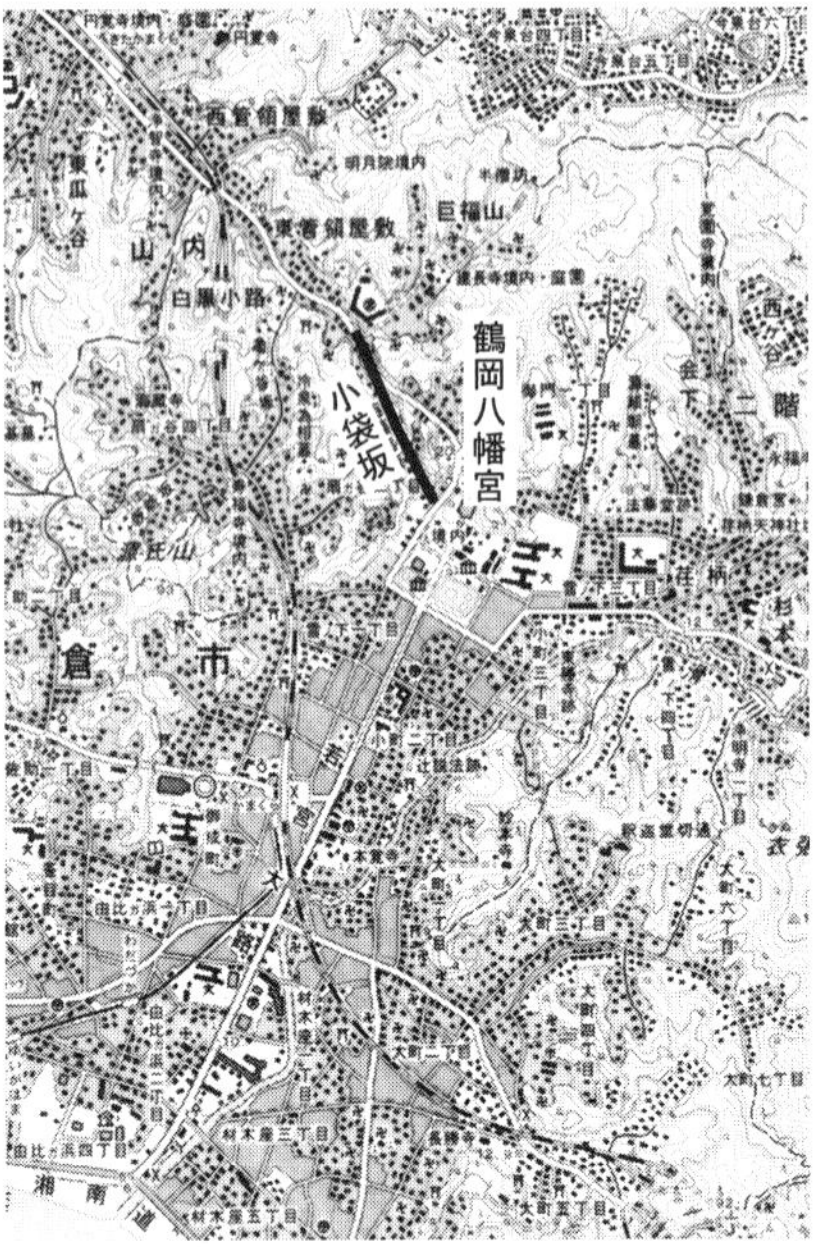


図39　鶴岡八幡宮と小袋坂

図40　小袋坂を下って八幡宮西脇に出た地点

しかし実際には、鶴岡八幡宮らしきものや、鳥居など八幡宮を象徴するようなものは、一切描かれていない。そこで本章では、『一遍聖絵』の鎌倉入りの場面になぜ鶴岡八幡宮が描かれなかったのか、その理由を探ってみたい。その理由のなかには、一遍の遊行において鎌倉という場所がどのような意義を持ったかが隠されているはずである。

## 2　鎌倉のシンボルとしての鶴岡八幡宮

鶴岡八幡宮は、都市鎌倉の中央部の奥、小高い山の中腹に位置する神社である。もとは源頼義《みなもとのよりよし》が石清水《いわしみず》八幡宮を勧請《かんじょう》したものであるが、源頼朝《よりとも》が現在の位置に移し、徐々に整備されていった。鎌倉幕府や御家人の精神的中心であるとともに、中世を通じて鎌倉・東国の守護神として広く信仰を集めていた〔高橋二〇〇五〕。よって、中世の鎌倉を象徴する場所の一つであったといえる。

表6は、鎌倉を訪れた記事を含む中世の代表的な紀行文について、鎌倉のなかのどの場所を記しているかを一覧表にしたものである。作品は上から時代順に並べており、「地名・寺社名」の欄で鶴岡八幡宮に該当するものを太字で表記している。この表によると、ほとんどの紀行文に鶴岡八幡宮が登場することがわかる。ちなみに、阿仏尼《あぶつに》の『十六夜《いざよい》日記』では、本文中には鶴岡八幡宮に関する記述はないのであるが、作品の末尾に弘安五年（一二八二）に鶴岡八幡宮に奉納したという長歌が付され

**表6　中世の紀行文等に見える鎌倉の地名・寺社名**

| 作品名 | 作者 | 鎌倉関連記事の年代 | 地名・寺社名 |
|---|---|---|---|
| 海道記 | 不詳 | 貞応2年（1223） | 江ノ嶋，腰越，稲村，湯井浜，御霊，若宮大路，将軍ノ貴居，大御堂，新御堂，二階堂，**鶴岳**，石屋堂 |
| 東関紀行 | 不詳 | 仁治3年（1242） | 絵嶋，和賀江の築島，**鶴が岡の若宮**，二階堂，大御堂，由井の浦，阿弥陀仏の大仏 |
| 関東往還記 | 性海 | 弘長2年（1262） | 西御門，称名寺，新清涼寺，最明寺，浜悲田，大仏悲田 |
| 蒙古襲来絵詞 | 不詳 | 建治元年（1275） | 由比の浜，**八幡（鶴岡）**，（安達泰盛）甘縄の館 |
| 十六夜日記 | 阿仏尼 | 弘安2年（1279）～弘安3年（1280） | 月影の谷，比企の谷 |
| 問はず語り | 後深草院二条 | 正応2年（1289）～正応3年（1290） | 極楽寺，化粧坂，由比の浜，**若宮（鶴岡）**，荏柄，二階堂，大御堂，大倉の谷，赤橋，佐介の谷，若宮小路，山の内 |
| 都のつと | 宗久 | 観応ごろ（1350～52） | 山内 |
| 廻国雑記 | 道興 | 文明18年（1486） | はなれ山，亀がゐのやつ，扇が谷，さゝめがやつ，梅が谷，うりが谷，霧がやつ，胡桃が谷，べにが谷，化はひ坂，**鶴が岡の八幡宮**，由井が浜，建長円覚以下の五山，称名寺 |
| 梅花無尽蔵 | 万里集九 | 文明18年（1486） | 山内，雪下，扇谷，建悳精舎，寿福禅刹，長谷観音，大仏，由井浜，千度小路，**鶴岡之八幡宮**，円覚禅寺，絵島，称名律寺，浄妙，建長禅寺，荏柄之天満宮，瑞泉 |
| 北国紀行 | 堯恵 | 長享元年（1487） | **鶴が岡**，由井の浜，建長・円覚，雪下，美奈の瀬川，江嶋，光明寺，浄妙寺，稲荷明神，極楽寺，六浦・金沢，称名寺 |
| 宗祇終焉記 | 宗長 | 文亀元年（1501） | **鶴が岡**，雪の下 |
| 東路の津登 | 宗長 | 永正6年（1509） | 建長寺天源庵，浄光明寺慈恩院，建長寺永明軒，明月院 |
| 東国紀行 | 宗牧 | 天文14年（1545） | 江嶋，腰越，ゆゐの浜，みなせ河，**鶴が岡八幡宮**，右大将家の御跡，称名寺，円覚寺，建長寺 |

| | | | |
|---|---|---|---|
| むさし野の記行 | 北条氏康 | 天文 15 年（1546） | 八幡山，**わか宮**，由比のはま |
| 明叔録 | 東嶺智旺ほか | 天文 20 年（1551） | 建長寺，称名律寺，瑞泉寺，頼朝御屋敷，浄妙寺，円覚寺，浄智寺，**鶴岳八幡宮**，太平寺，荏柄天神宮，寿福寺，由比浜，大仏，長谷寺，極楽律寺，腰越，江嶋弁才天 |

ており、作者が鶴岡八幡宮に参詣した、もしくは強く意識していたことは間違いない。

以上のことから、鎌倉をあつかう文学作品などでは、鶴岡八幡宮に言及するのが一種の「お約束」となっていたことが想定できよう。『一遍聖絵』に描かれている風景は、絵師が現地に赴いて実景をスケッチしたものではなく、ある程度パターン化されたイメージに基づくものとみるのが妥当とされている。となればなおさらのこと、各地の名所絵のような性格を持つ『一遍聖絵』においても、鎌倉を象徴する寺社として、鶴岡八幡宮は当然描かれるべき対象だったのではないか、という当初の疑問はますます強まる。

## 3　一遍は八幡宮に参詣したか

それでは次に、一遍本人は鶴岡八幡宮をどのように位置づけていたのかを考えてみたい。一般的なことをいえば、本地垂迹説《ほんじすいじゃく》（仏・菩薩が人々を救うために、さまざまな神の姿を借りて現れるとする説）では八幡神の本地は阿弥陀如来とされており、阿弥陀を信仰する浄土系の僧にとって、八幡神は特に崇敬すべき神様ということになる。一遍にとっても八幡神は特別な神であったと思われ、『一遍聖絵』によれば、大隅正八幡宮《おおすみしょう》（巻四）、石清水八幡宮（巻九）、姫路松原八幡（巻九）などへ参詣していることが知られる。なかでも大隅正八幡宮や石清水八幡宮では八幡神の託宣を受けており、一遍にとって八幡神は重要な位置を占めていたのである〔山田二〇〇四〕。

また、一遍が最初に浄土の教えを学び、大きな影響を受けた浄土宗西山派《せいざんは》では、鶴岡八幡宮との密接な関係が伝えられている。西山派の開祖証空《しょうくう》には、鶴岡八幡宮に参籠して和歌を感得したとの伝承があり、鎌倉時代の西山派僧観智《かんち》にも、鶴岡八幡宮の神前で籤《くじ》を取り、西山派に入門を決めたとの伝承がある〔高橋一九九六〕。西山派教団は、鶴岡八幡宮を重視していたのである。

したがって、一遍もまた鶴岡八幡宮を崇敬し、参詣を強く望んでいたと考えられる。ただし現実には、一遍は北条時宗の意を受けたと思われる武士によって鎌倉入りを拒まれており、鶴岡八幡宮に公然と参詣することは無理であった。しかし、一遍個人としては依然として参詣したいという意志はあったと思われ、想像をたくましくすれば、鶴岡八幡宮をのぞむ場所から遙拝するようなことはあったのではなかろうか。

## 4　中心と周縁―鎌倉と片瀬

さて、武士たちに鎌倉入りを阻止された一遍の一行であったが、巻五の詞書によれば、武士が「鎌倉の外は御禁制にはならない」と言ったため、その夜は山ぎわの道のほとりで念仏を唱えて過ごし、鎌倉中の僧侶・俗人が雲集し接待した、という。

このくだりからは、鎌倉の人々および幕府関係者に対する布教にかける、一遍の強い意志が感じられる。一遍自身が、幕府御家人の河野家の出身であり、鎌倉には親近感を抱いていたであろう。一遍は、鎌倉での布教が成功しなければ布教はやめると時衆たちに宣言し、今後の布教活動の行方を鎌倉入りによって占おうとしたのである〔今井二〇〇四など〕。結局のところ、めざす北条時宗との結縁には失敗し、鎌倉の中心部で大々的に布教することは叶わなかったのではあるが。

そもそも、乞食たちをも引き連れた一遍の一行は、北条時宗の通行路をあらかじめ浄めて整備する役目の先駆けの武士たちにしてみれば、真っ先に排除すべき存在であった。時宗を待ち受ける形で鎌倉入りをしようとすれば、阻止される可能性が高くなることは容易に想像できたはずであるが、あえて正面突破を試みたわけである。

幕府の重要人物の通行を避けて、後日あらためて鎌倉中へ入ろうとすれば、一遍の一行が鎌倉に入ることはできたであろう。もっとも、境内の清浄を重んじる八幡宮に、乞食を連れたまま参拝することは無理であったかもしれない。おそらくは、鎌倉中の治安維持をはかる幕府との無用の衝突を避けるために、鎌倉中心部へ集団で入ることは断念したと思われ、その後も一遍一行が鎌倉内に入ることはなかった。ただし、鎌倉を去ってからも一遍は幕府要人への関心を持ち続けており、幕府の中心人物安達泰盛《あだちやすもり》が霜月《しもつき》騒動で滅亡したことを一遍が因幡で感知したというエピソードを『一遍聖絵』は記している（巻九）。

鎌倉入り失敗のあと、一遍一行は鎌倉郊外の片瀬《かたせ》に、四ヵ月という遊行中でも最長にわたる期間の滞在をしている。片瀬での布教については、『一遍聖絵』巻六に詳述されており、絵の部分では片瀬沖に位置する江ノ島も描かれている。すでに、小袋坂付近の山で一夜を過ごしたときに鎌倉中の人々が多数集まって来ていたが、続く片瀬での滞在中には、踊り念仏も行われ、鎌倉の人々が連日押し掛けている。一遍が目標としていた六〇万人への賦算《ふさん》（念仏のお札《ふだ》を配ること）も、この片瀬で達成されている〔林二〇〇四〕。

鎌倉中心部での公認布教には失敗したものの、郊外での鎌倉の人々に対する布教そのものは大成功であったことは、『一遍聖絵』のなかのさまざまな事例が示している。たとえば、片瀬滞在中には、鎌倉の宅間《たくま》ヶ谷《がやつ》に住む寺門系の高僧である公朝《こうちょう》僧正が、一遍との結縁を求めて書状を送ってきている（巻六）。公朝は、もとは公家の三条実文《さねふみ》の子であったが、北条（名越《なごえ》）朝時《ともとき》の養子となり、幕府や北条氏関連の仏事を司るとともに、当時の関東を代表する歌人としても活躍した重要人物であった〔中川一九八三、鈴木二〇〇八〕。公朝と一遍は、名越氏と関わりの深い浄土宗西山派を介して密接につながっていたと考えられており〔三枝二〇〇〇〕、鎌倉付近での一遍の布教活動には北条氏庶流の支援があったと推測される。

一遍は、小袋坂からの鎌倉入りに失敗して山ぎわで一夜を過ごした後、はじめ「館の御堂」で別時念仏を行い、次に「上総の生阿弥陀仏」の招きを受けて「往生院」で一日一夜を過ごし、さらに「御使」の指示で「片瀬の浜の地蔵堂」で長期間の布教活動を行っている（図41）。

最初の「館の御堂」については、従来は「かたせの館の御堂」と読まれていた部分が実は後補で、当初は「××はの」であったらしいことから、北条氏の常盤《ときわ》の館の持仏堂の可能性が指摘されている〔石塚二〇一〇〕。常盤には、北条氏庶流の政村《まさむら》や義政《よしまさ》の子孫の館があったが、いずれも歌人として知られる家であり、先に見た公朝との和歌を介した交流によって、一遍支援のネットワークが形成されたのかもしれない。北条氏庶流のなかには、鎌倉の外とはいえ、みずからの別荘に一遍を招いた者があった、ということになる。

図41　片瀬の浜の地蔵堂跡

続く「往生院」は、招請した生阿弥陀仏が願行上人《がんぎょうしょうにん》（円満）の弟子と記されていることなどから、願行房円満の開いた鎌倉佐々目ヶ谷《ささめがやつ》（現在の笹目町）の長楽寺の付近と考えられている〔石塚二〇一〇〕。佐々目谷は中心部からややはずれるとはいえ、れっきとした鎌倉の内側であり、それゆえ一晩にして「御使」によって片瀬へ移ることになったのであろう。「御使」とは、幕府の使者と思われる。

また、巻六には、先に触れた生阿弥陀仏が、病気の折に一遍の来臨を要請したところ、「鎌倉に入ることができれば行くが、姿を現すことはできない」と述べた一遍が、片瀬にいたままで同時に生阿弥陀仏の眼前にも現れた、との奇跡譚を記している。このことより、生阿弥陀仏は鎌倉の中に居住していたことがうかがわれる。すなわち、一遍は片瀬を拠点としつつ、実はひそかに鎌倉の中に入って布教することもあったと考えられるのである。そのような行為が黙認されたのは、やはり北条氏関係者の非公式なかたちでのバックアップがあったからであろう。

では、一遍が長期滞在した片瀬という場所は、どのような場所であろうか。地理的にみれば、片瀬は鎌倉の西の周縁にあたる。ちなみに、一遍と関係の深い浄土宗西山派は、鎌倉の東の周縁にあたる名越周辺を拠点としていた〔高橋一九九六〕。片瀬と名越は対照的な位置にあり、一遍が片瀬を選択したのは、あるいは西山派との競合を避けるという意味もあったのかもしれない。

また、聖絵に江ノ島が描き込まれていることからもわかるように、片瀬は龍神信仰の拠点である江ノ島と一体の場所であった（図42）。実は一遍は、龍神とも深い関係があり、龍が一遍との結縁を求めて現れるというエピソードも知られる（巻八）。また、『一遍聖絵』と別系統の絵巻である『遊行《ゆぎょう》上人《しょうにん》縁起絵』では、片瀬ではなく「龍口《たつのくち》」と表現されている（巻二）。龍口は片瀬に隣接する地名で、

**図42 『遊行上人縁起絵』に見える江の島**（山形市・光明寺蔵，奈良国立博物館提供〈撮影　佐々木香輔〉）

地形景観からも龍の口に見立てることができる〔伊藤二〇〇九〕。よって、『縁起絵』のほうが『聖絵』よりも一層、龍を意識しているともいえる。いずれにせよ、片瀬（龍口）は龍を介してみても、一遍と関係の深い場所ということなる。

ところで、一遍と同時期に活躍した念仏の聖に、一向俊聖《いっこうしゅんじょう》という人物がいる。一向は奇しくも一遍と同じ年に生まれ、踊り念仏を行いつつ諸国を遊行した人物で、行状の面でも一遍と非常によく似ている。正元元年（一二五九）から文永十年（一二七三）まで、東国の浄土宗鎮西派《ちんぜいは》の良忠のもとで学んでいる。鎌倉内にも彼の影響下の勢力があった可能性があり、現在鎌倉に存する時宗寺院のうち、向福寺（材木座）と光照寺（山ノ内）は一向の開山と伝えられている。この一向の勢力との競合関係を考慮して、片瀬における布教がなされたということも想定できる。

これまで見てきたように、一遍は鎌倉の「中心」での布教は実現できなかったのであるが、鎌倉での布教をまったく断念してしまうことなく、「周縁」である片瀬での布教を行った。片瀬での布教には、さまざまな摩擦を避けるという消極的な利点もあり、結果としては鎌倉の人々への布教は成功をおさめることになったとみられる。

## 5　描かれたものと描かれなかったもの—聖絵の意図

鎌倉の人々への布教が成功したのにもかかわらず、なぜ『一遍聖絵』は鎌倉の象徴と言うべき鶴岡八幡宮を描かなかったのか。最初の問に戻って考えてみたい。

一遍は、一か八かの勝負に出た北条時宗への直接の布教が失敗に終わり、幕府公認の布教活動や、鎌倉中心部での拠点形成は果たせなかった。このことから、『聖絵』では都市鎌倉の「中心」または北条時宗をトップとする幕府権力を象徴する鶴岡八幡宮を描くことを避けたのではなかろうか。かわりに、成功の場所でもある片瀬という「周縁」での活動を強調したのであろう。『縁起絵』では、もはや鎌倉入りそのものに全く触れておらず、龍口における布教と江ノ島の風景のみを取り上げている。『聖絵』では、鎌倉入りの失敗とその帰結としての片瀬での成功を、一連の流れのなかに位置づけ、両者を対照的に描こうとしているが、『縁起絵』では鎌倉入りそのものを失敗例として捨象し、片瀬の成功を当初からの必然として描こうとしているようである。

一遍にとっての鎌倉は、公権力（幕府）との関係を結ぶことに失敗した苦い経験の場所であるとともに、踊り念仏などを通じて都市の一般大衆への大々的な布教を行う転機となった場所でもあった。鎌倉の中心を象徴する鶴岡八幡宮は、一遍とは縁がなかった幕府や都市鎌倉の中心部を否応なく思い起こさせる存在であり、実景描写としては当然描かれるべきところを、わざと省いて片瀬の成功へと視点を移させようとしたのである。「描かれない」鶴岡八幡宮は、一遍の苦い経験を暗示するものであり、「描かれたもの」と「描かれないもの」の両者を視野に入れて『一遍聖絵』の光景を読み解いていくことが重要であろう。

【参考文献】

石塚　勝　二〇一〇年「一遍の鎌倉入り―『一遍聖絵』の検討を中心に―」『神奈川地域史研究』二七号
伊藤正義　二〇〇九年「武家の都・鎌倉を護る龍神Ⅱ―蒙古襲来の恐怖―」『文化財学雑誌』五号
今井雅晴　二〇〇四年「一遍の生涯―念仏と遊行の聖者―」同編『日本の名僧15　遊行の捨聖　一遍』吉川弘文館
鈴木宏美　二〇〇八年「北条氏と和歌」北条氏研究会編『北条時宗の時代』八木書店
高橋慎一朗　一九九六年「鎌倉における浄土宗西山派と北条氏」『中世の都市と武士』吉川弘文館
高橋慎一朗　二〇〇五年『武家の古都、鎌倉』山川出版社
高橋慎一朗　二〇一一年「中世都市の境界」竹田和夫編『古代・中世の境界意識と文化交流』勉誠出版（本書Ⅱ―四）

中川博夫　一九八三年「僧正公朝について―その伝と歌壇的位置―」『国語と国文学』六〇巻九号
林　譲　二〇〇四年「日本全土への遊行と賦算―捨聖と呼ばれた意味・時衆を引き連れた意味―」今井雅晴編『日本の名僧15　遊行の捨聖　一遍』吉川弘文館
馬淵和雄　一九九四年「武士の都　鎌倉―その成立と構想をめぐって―」網野善彦・石井進編『中世の風景を読む2　都市鎌倉と坂東の海に暮らす』新人物往来社
三枝暁子　二〇〇〇年「『一遍聖絵』成立の背景」『遥かなる中世』一八号
山田雄司　二〇〇四年「神祇信仰の重み」今井雅晴編『日本の名僧15　遊行の捨聖　一遍』吉川弘文館

# 四　鎌倉の境界と周辺

## *1*　都市の内と外

中世の都市においては、おおまかなものとはいえ、一応の境界が設けられ、都市の内と外は区別されていた。しかし、そのことは、都市と周辺の村落が完全に切り離されていたことを意味しない。中世ヨーロッパの都市研究では、早くから周辺地域との関連に注意が払われ、一九七〇〜八〇年代には「都市＝農村関係論」研究が盛んとなったことが知られている〔森本編一九八七、森本一九八八、千葉二〇〇二、高谷二〇〇七〕。

それは、著名なアンリ＝ピレンヌの学説（中世都市を遠隔地との交易の拠点としてとらえる）への批判として、地理学の「中心地論」を取り入れつつ、地域の中心としての中世都市という視角を提起するものであった〔ミッテラウアー一九八七、フルヒュルスト二〇〇一〕。同時に、都市・農村の経済的相互依存への着目がなされ、都市概念と農村概念のはざまに位置する半都市・半農村的な集落の発見にもつながった。このような動向には、都市と農村の分離・対立を重視するマルクス、エンゲルス（『ドイ

図43　ヨーロッパの都市の市壁（パリ）

ツ・イデオロギー』など）の思想に対するアンチテーゼという意味合いがあったのかもしれない。

いずれにせよ、都市周辺の農村が都市を経済的に支える「後背地」としての役割を果たしていたこと、人口・食糧・手工業の原材料などが、周辺農村から都市へ流入していたことなどが明らかにされたことは、貴重な成果であったといえる。

さらに、中世ヨーロッパ史研究においては、都市の領域についての再検討も進められた。都市の法的範囲には市街地と市壁外の周辺農村部が含まれ、両者を区別せずに慣習法が適用されたこと〔斎藤一九九二、高橋清徳二〇一三〕、市壁のすぐ外側に新たな商業・流通地区（フォブール。外郭地）が形成されていたこと〔サールマン二〇一一〕、すべての中世都市が市壁で囲まれていたわけではなく、都市は市壁の外にもフォブールや周辺農村に連なるバンリュウ（市外都市領域）という地域とも密接な関係を持ったこと〔河原一九九六〕、などが指摘されている。

いっぽうで、日本の中世都市には、ヨーロッパや中国・朝鮮半島の都市に見られるような、都市全体をぐるりと取り囲むような市壁（図43）がないことが一般的であった。戦国時代になると、都市全体を壁で囲い込む「惣構《そうがまえ》」が登場するが、すべての都市でそれが見られたわけではない。

それでは、戦国以前の中世都市では、都市の領域という観念がまったくなかったかというと、決してそのようなことはない。「洛中」「鎌倉中」「奈良中」「府中」など、法令の上では、都市は「中」を付して呼ばれる特別な行政領域と認識されていたのである〔五味二〇〇二〕。ただ、都市の領域がどの範囲なのかを示す境界線は、明確にはされていなかった。この点については、中世都市鎌倉も例外ではなかった。それでも、都市の境界を点で示す装置は存在していた。たとえば、都市の境界に設けられた木戸がその代表例である。

## 2　『一遍聖絵』の木戸

都市鎌倉の境界の木戸を描いたものとして注目されるのが、『一遍聖絵《いっぺんひじりえ》』（清浄光寺蔵）の巻第五第五段に見える、有名な一遍の鎌倉入りの場面である（一六九頁図38参照）。詞《ことば》によると、一遍は、弘安五年（一二八二）三月一日に、同行する時衆らとともに、小袋坂《こぶくろざか》から鎌倉へ入ろうとした。ちょうどその日、執権北条時宗《ほうじょうときむね》が山内《やまのうち》へ出かけると聞き、あえてその通行路となる小袋坂を選んだ一遍は、はたして警備の武士に行く手をはばまれ、杖で打たれてしまう。「念仏をすすめるためにはここで死んでもかまわない」と言い切る一遍に対して、武士が「鎌倉の外で念仏をすすめることはかまわない」というので、その夜は山のそばで念仏をとなえていると、鎌倉中の人々が集まって一遍たちをあがめ、もてなしたのである。

絵のほうは、一遍と時宗が道の真ん中で向かい合っているところで、一遍の後方には木戸があり、一遍についてきた乞食・非人たちが幕府の下級役人である小舎人《こどねり》に追い払われている。実は詞には、一遍と時宗本人が直接対決したとは書かれていない。ただし、『一遍聖絵』では詞と絵のずれはしばしば見られるところであり、鎌倉入りの失敗を「時運にめぐまれなかった」とする詞の苦しい説明ぶりなどから、むしろ二人の遭遇じたいは事実とみてさしつかえない〔砂川二〇〇四〕。

絵をよく見ると木戸を境に、右と左とではまったく違う光景が広がっていることに気づく。右側では道の両側に町屋が並び、道路の側溝が流れ、谷のあいだに家並みがのぞいている。これは、まさしく鎌倉の町なかの景色である。いっぽう、左側では家は見えず、けわしい山がそびえている。よって、木戸の右側が鎌倉の内、左側が外となり、木戸は都市鎌倉の境界を区切るものとして描かれていると考えられる。武士が「鎌倉の外」はかまわない、と言っていることからも、都市鎌倉の境界を描いた場面とみて間違いない。

鎌倉は三方を山に囲まれているため、坂を越えて町なかへ入っていくことになるのだが、この絵の場所については、現在の北鎌倉駅の北側、つまり小袋坂の手前の山内辺りとする説がある〔馬淵一九九四〕。しかし、絵では一遍が山から町へ入ってきており、時宗が町から山へ向かおうとしている。とすれば、この場所は小袋坂を越えて町なかへ入ってきた場所、鶴岡八幡宮の背後辺りの風景とみるのが自然である。

いっぽう、鶴岡八幡宮の鳥居が描かれていないことや、地形が八幡宮付近に似ていないことから、鎌倉に入る別の坂である「化粧坂《けわいざか》」を越えて町なかへ入ってきた場所、武蔵大路下の風景とする説もある〔五味一九九四〕。だが、あえて化粧坂に舞台をうつして描く必要はなく、詞に登場しない八幡宮の鳥居を描くのを省略したとしてもおかしくはない。詞に見える小袋坂の下の風景であると、素直に考えてよいのではなかろうか。

## *3*　都市鎌倉の境界

『一遍聖絵』に描かれた鎌倉の境界は、小袋坂を越えて町なかへ入ってきた場所であったと考えられる。ところが、実際の都市鎌倉の境界は、その外側にあった。なぜならば、建長三年（一二五一）十二月三日に幕府が出した法令（『吾妻鏡』）では、「鎌倉中」で町屋や店舗を構えることを許可した七地域の一つとして「気和飛坂《けわいざか》山上」（化粧坂の山上）があげられているからである。したがって、小袋坂も含めて、鎌倉の周囲の山は、少なくとも山頂から内側にかけては都市鎌倉の領域のなかに含まれていたと思われる。

そうなると、鎌倉の境界は、山の外側ということになる。鎌倉では、京都に倣って「四境祭《しきょうさい》」という災厄を追い払うための陰陽道の祭祀が、四ヵ所の境界で行われていた。その具体的な場所は、元仁元年（一二二四）では「六浦《むつら》、小坪《こつぼ》、稲村《いなむら》、山内」であり、嘉禎元年（一二三五）では「六浦、小坪、片瀬《かたせ》川、小袋坂」であった（『吾妻鏡』）。いずれも、山もしくは山の外側の地域であり、山頂付近から外側にかけてが、漠然と都市鎌倉の境界となっていたことを示している。都市鎌倉の周縁には、「あつみをもった境界の領域」が存在していたのである〔石井二〇〇五〕。

さらに、京都に倣って鎌倉でも「霊所七瀬《ななせ》の御祓《おはら》い」というお払いの儀式が行われ、その七ヵ所に囲まれた範囲が都市鎌倉の最大範囲を示している。具体的には、元仁元年（一二二四）では「由比浜、金洗沢池《かねあらいさわいけ》（七里ガ浜）、片瀬川、六浦、鼬川《いたちがわ》（横浜市栄区）、森戸《もりと》（逗子市）、江の島」であり、寛喜二年（一二三〇）では、江の島に替えて田越《たごえ》川（逗子市）が加えられている（『吾妻鏡』）。右の地点からおよそ、逗子・金沢・大船・江の島辺りを限界とする範囲が導き出されるが、丘陵上に造立された中世の大型石塔がすべてその範囲内に存在していること、したがって鎌倉の内と外が明確に認識されていたことが、指摘されている〔古田土二〇一四〕。

では、『一遍聖絵』に見えていた木戸は、何であったのか。都市鎌倉を区切る木戸ではなかったのか。おそらく、絵巻が舞台として設定した小袋坂を越えてきた場所には、現実には木戸はなかったのであろう。鎌倉の内と外をめぐる緊迫した対決の場面を特徴づけるため、『一遍聖絵』の絵師は、中世都市の境界を象徴するものとして、木戸を描き加えたものと思われる。逆に、都市の境界は木戸で区切られるものである、という了解が当時の人々のあいだに存在したと想定されるのである。

## 4　宿の木戸

実際に中世都市の境界に木戸があったという事例を、発掘の成果から見てみよう。一九九六年度から二〇〇三年度にわたって発掘調査が行われた福島県郡山市の「荒井猫田《あらいねこた》遺跡」において、木戸の跡が発掘されている〔高橋博志二〇〇七〕。荒井猫田遺跡は、阿武隈川《あぶくまがわ》西側の河岸段丘に位置しており、遺跡の南側半分に鎌倉時代の町のあとが広がっている。遺構から、南北に延びる幹線道路の両側に多くの建物が並んで町を形成し、その北端に道を区切る木戸があったと考えられている。この幹線道路は、関東から奥州に向かう「奥大道《おくだいどう》」の可能性が高い。また、町の南端の道路でも、木戸と思われる遺構が見つかっている。

荒井猫田遺跡は、まず道が整備され、それをきっかけに道に面して多くの掘建柱建物が建てられていることから、交通に関わる町の遺跡、つまり「宿」の遺跡と評価されている〔飯村二〇〇九〕。南北に走る道を中心として形成された都市の、両側の境界を木戸で区切っていたことになる。荒井猫田遺跡の木戸の構造は、穴の下に板や石を敷き、その上に大きな柱を立てるようなものであった。この構造は鎌倉の武家屋敷の門と同じような大がかりなものであり、町屋の住人が個人でできるようなものではなく、町を支配する者が町の境界を示すために作ったものであろうと指摘されている〔河野二〇〇七〕。

また、武蔵府中の南にあって鎌倉街道沿いに発達した関戸《せきど》宿（多摩市関戸）では、中世の木戸のあとの可能性がある街道を横切る柱穴列が発掘されており、中世の木戸の跡の可能性もあるが、詳細は不明である〔多摩市史編集委員会編一九九七、パルテノン多摩二〇〇七〕。同じく武蔵府中の東に位置する人見《ひとみ》宿（府中市人見）についても、街道沿いに上ノ関・中ノ関・下ノ関の小字が残り、中世の三つの木戸の存在が想定されている〔峰岸二〇〇九〕。

そのほか、中世の集落で境界を区切る木戸や門が存在した可能性が、文献史料から確かめられる。たとえば、近江菅浦《おうみすがうら》の関連文書には「大門」という地名が見え、現在も菅浦の集落の東西の境界に残る門の原初的なものと考えられている〔網野二〇〇七〕。

## 5　木戸の機能

中世の都市、とりわけ街道沿いに形成された宿において、木戸が領域を区切るものとして設置されていたと考えられる。こうした状況を背景に、『一遍聖絵』では、都市鎌倉の境界を象徴するものとして、木戸を描いたのである。

ところで、『一遍聖絵』の鎌倉の木戸には、扉がついていない。あるいは省略されたのかもしれないが、もともとなかったのかもしれない。戦国時代の京都を描いた『上杉本洛中洛外図屏風』に見える、町の境界に設けられた木戸を見ても、簡素な扉が付いているにすぎない（図44）。たとえ扉がついていたとしても、高く堅固なヨーロッパの市壁と比べれば、かなり簡略な構造といえる。それは、中世都市の木戸には防御性は必要ではなく、木戸の内側が都市であることが視覚的にわかればよかったからであろう（河野二〇〇七）。都市境界の木戸は、そこを通過することで、都市という別領域に入ることを感覚的に知ら

**図44　戦国時代京都の町の木戸（『上杉本洛中洛外図屏風』）**（米沢市上杉博物館蔵）

せる装置であり、神社の参詣道における鳥居の機能に類似するものといえるであろう。

## 6　鎌倉と周辺地域の関係

これまで見てきたように、「都市」鎌倉はファジーな境界で区切られていたが、その周辺地域とはどのような関係にあったのであろうか。中世ヨーロッパで見出されたような密接な関係が、鎌倉に関しても当てはまるのであろうか。

従来、日本中世史においては、都市と農村の関係に対する関心は比較的希薄であったといえる。それは、そもそも日本では都市と農村の峻別が困難である〔柳田一九六九〕ということも一因となっているであろう。

そうしたなかで、数少ない成果としては、都市と周辺の荘園公領《しょうえんこうりょう》〔膝下所領〕の関係に注目した研究があげられる。都市周辺の荘園は、都市に集住する支配者層〔公家・武家・寺社〕を経済的に支える存在であった。たとえば、室町期の京都東寺では、夫役〔労働力〕を主として遠隔地荘園からではなく膝下所領から調達していた〔西尾二〇一一〕。鎌倉に関しては、名越《なごえ》弁ヶ谷《べんがやつ》の「浜御倉」が武蔵国からの年貢を納める北条氏の倉庫であった〔高橋慎一朗一九九六〕ことがわかっており、御家人千葉氏の武蔵国豊島郡千束郷《せんぞく》の年貢が鎌倉の蔵に集積され、さらに幕府財政の一部に組み込まれた可能性も指

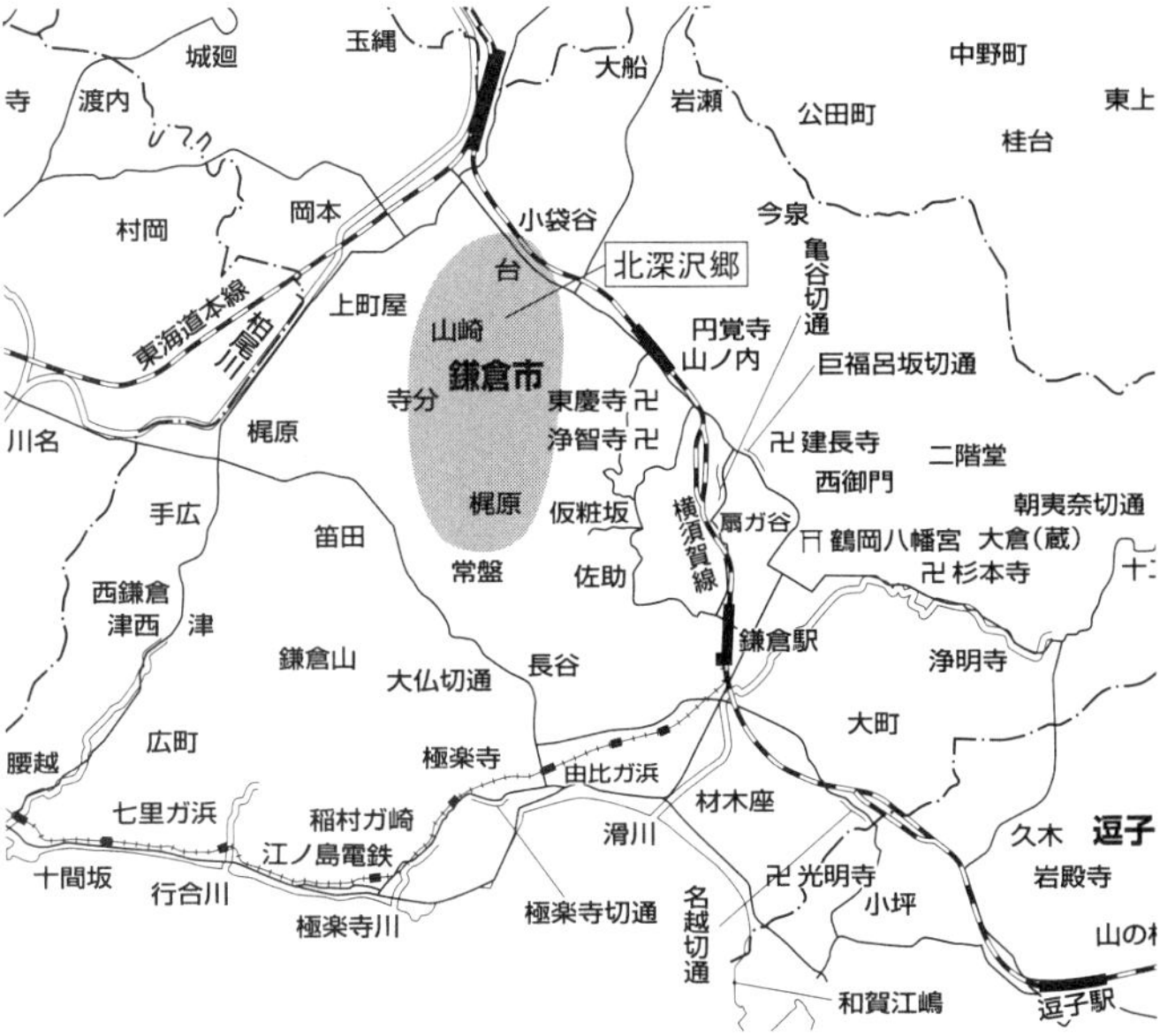


**図 45　北深沢郷の位置図**（三浦勝男編『鎌倉の地名由来辞典』東京堂出版，2005 年より一部改変）

摘されている（湯浅二〇〇五）。隣接する武蔵国の荘園からの年貢が、都市鎌倉の消費生活の中核を形成していたと考えられるのである。

また、良港にめぐまれなかった鎌倉が、朝比奈《あさひな》切り通しを越えた東の郊外に位置する、良港六浦《むつら》とその隣接地区金沢《かなざわ》（いずれも現在の横浜市金沢区）と密接な関係にあったことは周知のことであろう。

そのほかにも、鎌倉の中核寺院と周辺地域との経済的な関係を指摘することができる。一例として、北深沢郷《きたふかさわ》の事例をあげてみよう。北深沢郷は鎌倉の北西の、山内のさらに外側の地区（現在の鎌倉市台・山崎・寺分・梶原）で

図46　現在の岩殿観音

ある（図45）。同郷は、鎌倉時代以来、鶴岡八幡宮供《く》僧《そう》の所領に充てられており（『鶴岡八幡宮寺供僧次第』など）、南北朝期以降には年貢の一部が円覚寺黄梅院《おうばいいん》に寄進されていた（『黄梅院文書』永和四年〈天授四、一三七八〉八月日黄梅院文書目録など）。室町期の史料には、郷内の洲崎《すさき》に茶畠があったことや郷内に菜園があったことが見えている（『黄梅院文書』享徳元年〈一四五二〉十二月日鶴岡八幡宮年貢算用状案）。北深沢郷では、茶や野菜の栽培が行われ、円覚寺をはじめとする鎌倉禅宗寺院の需要に応えていたと思われる。

北深沢郷の北西に隣接する村岡郷（現在の藤沢市南部と鎌倉市北部）についても、鎌倉の寺社との関係が認められる。すなわち、鶴岡八幡宮供僧の所領であるとともに（『鶴岡八幡宮寺供僧次第』）、室町期には鶴岡八幡宮修正会《しゆしようえ》の餅を当郷の百姓が負担していたことが知られるのである（『香蔵院珍祐記録』長禄四年〈一四六〇〉正月五日条）。

さらに、北深沢郷には、関東十刹《じつさつ》の一つである大慶寺《たいけいじ》や、宝積寺《ほうしやくじ》などの禅宗寺院も建立されている。

いわゆる鎌倉五山についても、建長寺・円覚寺の位置する山内は、本来は鎌倉の郊外（周辺地域）であった。京都における白河・鳥羽などのように、都市の周辺地域は支配者層の精神生活を支える側面もあったのである。鎌倉時代に遡れば、郊外の岩屋が支配者層の厚い信仰対象となっていた。まず江の島はもともと岩屋信仰の場であり、源頼朝が文覚《もんがく》に命じて弁財天を勧請、藤原秀衡《ひでひら》調伏の祈祷をさせた場所であり（『吾妻鏡』寿永元年〈一一八二〉四月五日条）、歴代将軍や北条氏もしばしば参詣し庇護を加えていた〔鈴木二〇一九〕。岩窟への信仰を持っていたらしい頼朝は、逗子市久木《ひさぎ》の岩殿《いわどの》観音（岩殿寺《がんでんじ》、図46）も信仰していた〔高橋慎一朗二〇一四〕。

以上のように、鎌倉は周辺地域と緩やかな境界によって概念的に隔てられながらも、経済的・精神的にはむしろ強く結びつき、後背地としての周辺村落に支えられていたのである。おそらく、これは大都市鎌倉固有の性格というよりは、程度の差はあれ、地域の中心都市において普遍的に見られたものではなかろうか。中世には地域の中心としての中小都市が大量に成立し、それぞれの都市と周辺地域の密接なつながりが生じたと思われる。この点については、ヨーロッパ中世都市との相似が認められる。中世都市鎌倉には、都市と周辺地域の関係の顕著な事例を見ることができるといえよう。

【参考文献】

アドリアン＝フルヒュルスト　二〇〇一年『中世都市の形成』岩波書店
網野善彦　二〇〇七年「中世都市論の中の荒井猫田遺跡」藤原良章・飯村均編『中世の宿と町』高志書院

石井　進　二〇〇五年「坂と境」『石井進著作集10　中世史と考古学・民俗学』岩波書店
飯村　均　二〇〇九年「東国の宿・市・津」『中世奥羽のムラとマチ　考古学が描く列島史』東京大学出版会
河野眞知郎　二〇〇七年「都市鎌倉・道路沿いの町屋跡　荒井猫田遺跡との比較」藤原良章・飯村均編『中世の宿と町』高志書院
河原　温　一九九六年『中世ヨーロッパの都市世界』山川出版社
古田土俊一　二〇一四年「中世鎌倉のみちと造塔」中世都市研究会編『鎌倉研究の未来』山川出版社
五味文彦　一九九四年「絵巻のなかの都市　鎌倉・京」同編『朝日百科日本歴史別冊　中世の館と都市　ミクロの空間から』朝日新聞社
五味文彦　二〇〇一年「中世都市の展開」佐藤信・吉田伸之編『新体系日本史6　都市社会史』山川出版社
斎藤絅子　一九九二年『西欧中世慣習法文書の研究―「自由と自治」をめぐる都市と農村―』九州大学出版会
鈴木良明　二〇一九年『江島詣―弁財天信仰のかたち―』有隣新書
砂川　博　二〇〇四年「鎌倉遊行―『一遍聖絵』を読み直す（三）―」『時衆文化』一〇号
高谷知佳　二〇〇七年「比較中世都市論への視点」中世後期研究会編『室町・戦国期研究を読みなおす』思文閣出版
高橋清徳　二〇一三年「西欧の身分制議会や中世都市などの研究をめぐって―研究生活を振り返る―」『専修大学法学研究所所報』四六号
高橋慎一朗　一九九六年『中世の都市と武士』吉川弘文館
高橋慎一朗　二〇一四年「東国の「巌窟王」源頼朝」東京大学史料編纂所編『日本史の森をゆく―史料が語るとっておきの42話』中公新書

高橋博志　二〇〇七年「鎌倉時代の奥大道と町跡　荒井猫田遺跡の調査Ⅰ」藤原良章・飯村均編『中世の宿と町』高志書院
多摩市史編集委員会編　一九九七年『多摩市史　通史編一』多摩市
千葉敏之　二〇〇二年「立ちあがる中世都市―素描：ドイツ中世都市史研究の流路―」『年報都市史研究10　伝統都市と身分的周縁』山川出版社
西尾知己　二〇一一年「室町期東寺の寺院運営に関わる夫役と膝下所領」東寺文書研究会編『東寺文書と中世の諸相』思文閣出版
パルテノン多摩　二〇〇七年『関戸合戦　多摩市関戸に残る中世の伝承とその背景』パルテノン多摩
ハワード＝サールマン　二〇一一年『中世都市　新装版』井上書院
馬淵和雄　一九九四年「武士の都　鎌倉―その成立と構想をめぐって―」網野善彦・石井進編『中世の風景を読む2　都市鎌倉と坂東の海に暮らす』新人物往来社
峰岸純夫　二〇〇九年「武蔵府中の人見街道と市場・宿・木戸」『中世の合戦と城郭』高志書院
ミハエル＝ミッテラウアー　一九八七年「古代都市から中世都市へ」森本芳樹編『西欧中世における都市と農村』九州大学出版会
森本芳樹　一九九八年「都市・農村関係論」『岩波講座　世界歴史7　ヨーロッパの誕生』岩波書店
森本芳樹編　一九八七年『西欧中世における都市と農村』九州大学出版会
柳田國男　一九六九年「都市と農村」『定本　柳田國男集　16』筑摩書房
湯浅治久　二〇〇五年「『御家人経済』の展開と地域経済圏の成立―千葉氏を事例として―」五味文彦編『中世都市研究11　交流・物流・越境』新人物往来社

# 五　鎌倉の武家屋敷

## *1*　鎌倉に住む武士

源頼朝が幕府を開いて以来、「武士の都」「武家の都」として繁栄した鎌倉が、武士的な要素の濃い都市であったことは間違いない。しかしながら、一般御家人の多くは地方に本拠を持つ地方武士であり、彼らのすべてが鎌倉に屋敷を持っていたわけではなく、むしろ鎌倉に屋敷を持つことが特権であったことは、すでに先学によって指摘されているところである〔石井一九八九〕。

また、秋山哲雄氏の一連の研究成果によれば、鎌倉に屋敷を持っていた御家人にしても、平時は鎌倉を留守にするものが多く、一般の御家人は地方の本拠地から時々鎌倉の宿所にやってくるような存在であったことが判明している〔秋山二〇〇六、同二〇一〇〕。

その一方で、鎌倉常住の御家人もいたことは事実である。北条氏をはじめとする幕府政治の中核を担う有力御家人はその代表格であったと考えられる。試みに、建治元年（一二七五）の幕府中枢メンバーの顔ぶれを見てみよう（『関東評定衆伝』による）。

◇執権：北条時宗《ほうじょうときむね》
◇連署：塩田《(北条)》義政
◇評定衆：金沢《(北条)》実時《さねとき》、北条時広《ときひろ》、北条時村《ときむら》、北条宗政《むねまさ》、名越《(北条)》公時《きみとき》、大仏《(北条)》宣時《のぶとき》、安達泰盛《あだちやすもり》、長井時秀《ときひで》、二階堂行綱《にかいどうゆきつな》、佐々木氏信《うじのぶ》、二階堂行忠《ゆきただ》、二階堂行有《ゆきあり》、宇都宮景綱《かげつな》、安達時盛《ときもり》、太田康有《やすあり》
◇引付衆：北条業時《なりとき》、金沢《(北条)》顕時《あきとき》、名越《(北条)》時基《ときもと》、伊賀光政《いがみつまさ》、二階堂行清《ゆききよ》、安達顕盛《あきもり》、二階堂行佐《ゆきすけ》、摂津親致《ちかむね》、大曾禰《(安達)》長経《ながつね》、町野政康《まちのまさやす》、武藤景泰《むとうかげやす》、三善《(矢野)》倫経《ともつね》、二階堂義賢《よしかた》、佐々木時清《ときよ》、二階堂頼綱《よりつな》、二階堂行景《ゆきかげ》

北条氏を中心に計三三名を数えることができ、彼らの指揮下にあって日常的に行政に関わっていた奉行人《ぶぎょうにん》たちや、得宗被官《とくそうひかん》をはじめとする彼ら幕閣の直属家臣（被官）たちも、鎌倉常住者に加えることができよう。

実は、右で特に建治元年という年に着目したのは、建治元年五月に作成された御家人リストというべき史料、「六条八幡宮造営注文」（国立歴史民俗博物館蔵『田中穣氏旧蔵典籍古文書』）が残されているからである。この史料は、京都の六条八幡宮の造営料を負担した御家人のリストであり、「鎌倉中《かまくらちゅう》」「在京」「諸国」に分けて記載される。このうち、「鎌倉中」御家人は計一二三名にのぼるが、人名には「某跡《あと》」というように物故者の後継者という形で記されている者も多く、一種の格付けという性格があり〔海老名他一九九二〕、本リストの「鎌倉中」御家人がすべて当時鎌倉常住であったかどうかは断

言できない。そうではあっても、先に見た幕府中枢メンバーの名のほとんどが、「鎌倉中」御家人に見出されることから、基本的に鎌倉に屋敷を持ち、その多くは常住者であったと考えたい。

また、鎌倉に屋敷や屋地があったことが確かである河越《かわごえ》氏が「諸国」のなかの「武蔵」の筆頭に、渋谷《しぶや》氏・高井（和田）氏が「相模」に、得宗被官南条《なんじょう》氏が「伊豆」に記載されていることからもわかるように、「諸国」に分類されている武士のなかにも鎌倉に屋敷を持つ者は存在したのである。さらに、同じく鎌倉に屋敷のあったことが確かめられる大友氏の名がリストに見えないのは、九州の御家人は異国警固のために造営料を免除されたからと想定される〔海老名他一九九二〕。したがって、実際にはリストの一二三名をはるかに超える数の御家人が、鎌倉に屋敷を持っていたと思われる。

いずれにせよ、御家人本人が留守のあいだも屋敷には留守番が置かれていたのであり、都市鎌倉において武家屋敷が立ち並ぶ景観が見られたことは確かなのである。

## 2　今小路西遺跡の武家屋敷

それでは、鎌倉の武家屋敷の具体的な様相はどのようなものであったろうか。まず、武家のトップである将軍の御所の造りについて簡単に触れておこう。文献史料に見える「寝殿《しんでん》」「小御所《こごしょ》」「対《たい》」などの施設・建物の名称から推定して、貴族の寝殿造《しんでんづくり》に倣ったものと考えられるが、侍廊《さむらいろう》や厩《うまや》がかなり長大なことや、南門を正門とするなど、一般的な貴族の寝殿造と異なる部分も見られる〔太田一九八七、松尾一九九三、藤田一九九九〕。

残念ながら、幕府推定地では大規模な発掘調査が未了のため、より詳しい実態は不明であるが、大倉御所の東隣地点（北条政子の東御所の跡とされる）では、大型で総柱《そうばしら》の掘立柱《ほったてばしら》建物が検出されている。また、初期の御家人屋敷と考えられる遺構はいずれも大型の掘立柱建物であるということもあり、鎌倉初期の将軍御所は、実際は「なりばかり大きな田舎くさい建物であったかもしれない」とも指摘されている〔河野一九九五、同二〇一五a〕。

いっぽう、小規模な武家屋敷についても、いくつかの発掘事例が知られている。たとえば、若宮大路周辺遺跡群のうち第二駐輪場用地地点は、地方御家人の宿所と推定されている〔河野一九九五、同二〇一五a〕。

図47　今小路西遺跡位置図（高橋慎一朗『武家の古都，鎌倉』山川出版社，2005年より一部改変）

これらに対して、大規模な武家屋敷の敷地内のほぼ全容がわかる事例としては、今小路西《いまこうじにし》遺跡の中の御成《おなり》小学校敷地の遺跡がもっとも代表的なものである。本遺跡は、若宮大路のやや西の、谷の入り口から山際にかけて広がっており、現在の鎌倉市役所の南に位置している（図47）。検出された遺構の全体像は、北側の武家屋敷と南側の武家屋敷が存在し、両者が塀で区切られる、という様相である。

本章では、いくつかある遺構面のうち3B面の、北側の武家屋敷を対象として、鎌倉時代の上層武士の屋敷内構造を考察していきたい。そもそも、3B面と呼ばれる遺構面の年代観はどうなっているのであろうか。3B面は上部に火災の跡が残り、武家屋敷がその時点で焼失したと考えられている。その終末年代は、発掘調査報告書は十四世紀前葉ごろとするが〔今小路西遺跡発掘調査団編一九九〇、同一九九三〕、馬淵和雄氏は出土遺物から十三世紀後半代、としている〔馬淵一九九五〕。なお、調査担当者である河野眞知郎氏は、最新の著作では十四世紀初頭ごろ、としており、報告書の段階での自らの見解を微修正しているようにも見受けられる〔河野二〇一五b〕。私は考古学に関してはまったくの門外漢であるので、この点に関して独自の見解を述べることはできないが、この屋敷が鎌倉後期のものであることだけは前提として受け止めておきたい。

さて、この武家屋敷の建物などについては、すでにいくつかの異なる復元案が提示されているが、その差異は遺構内の個々の建物に対するそれぞれの評価・解釈の違いによる。そこで、屋敷内の主要な大型礎石《そせき》建物の四件について、代表的な三者の評価を比較検討してみることにしたい。参照する三者は、発掘調査団の報告書〔今小路西遺跡発掘調査団編一九九〇、同一九九三〕、考古学の小野正敏氏の研

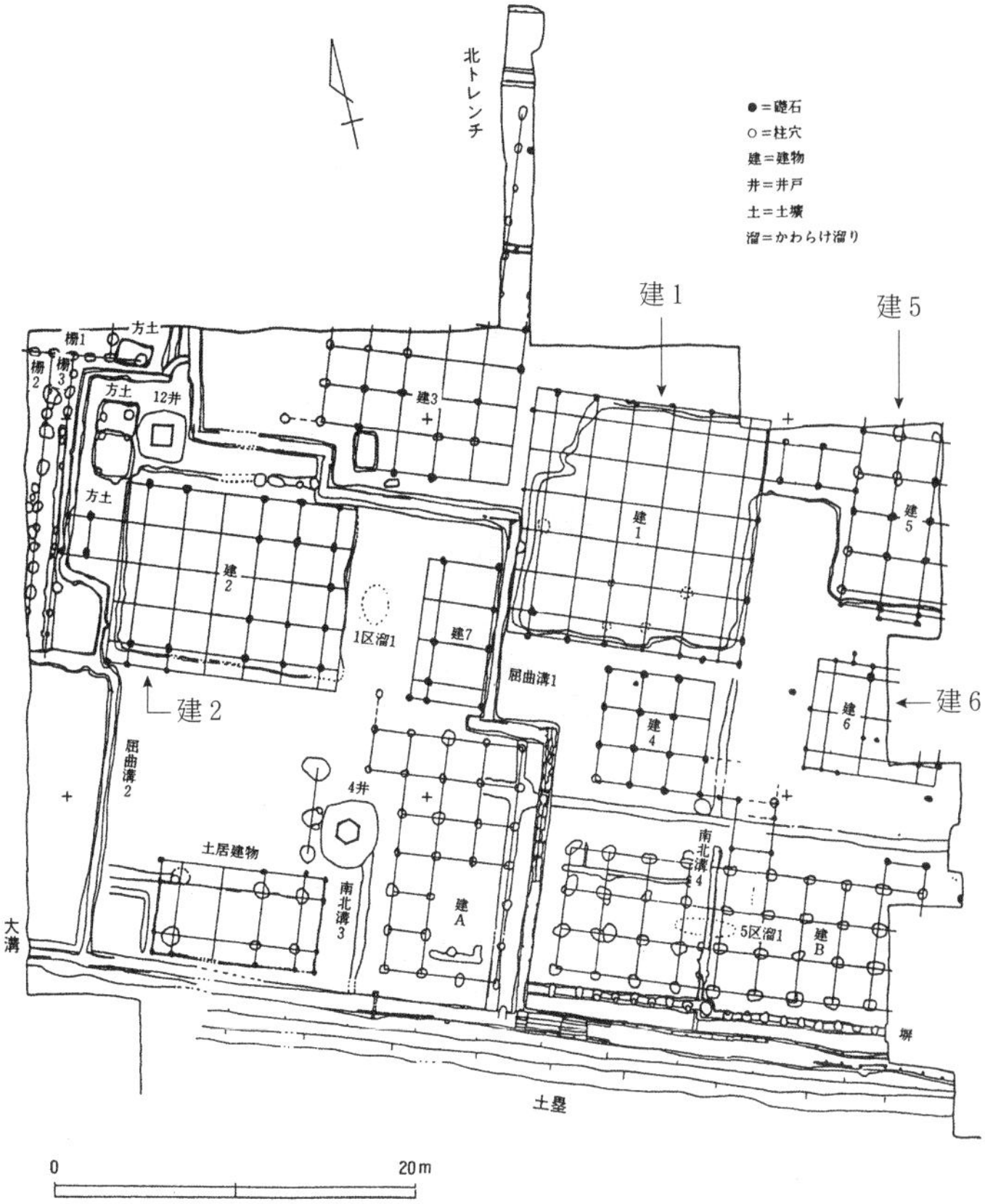


**図48　北側屋敷の遺構配置図**（今小路西遺跡発掘調査団編 1990 に一部加筆）

究〔小野二〇〇四〕、建築史学の鈴木亘氏の研究〔鈴木二〇一四〕である。屋敷は東に門を開くと考えられているので、東から奥に向かっていく形で建物5、建物1、建物2（報告書の遺構配置図における呼称を使用）について、建物ごとに三者の評価を列挙し（図48・49）、私のコメントを付していくことにする。

〔建物5〕

・報告書「3B面造営当初に建物1と共に建てられ、最後まで存在していた相当大きな建物であったと思われる。これを3B面の主殿（平安貴族の邸宅をまねたとすれば寝殿）と考えて良いのではなかろうか」。

・小野「東対屋代《ひがしたいのやだい》」。

・鈴木「北側武家屋敷の中心にある寝殿と考えてよいであろう」。

＊東側が未発掘のため、どの程度まで桁行が伸びるかは不明である。比較的小規模の建物と想定すると、小野氏がいう東対屋代（寝殿の東に付属する簡略な廊）のような評価となるであろう。しかし東側の街路（東門）からはそれなりの距離がありスペース的には余裕があることから、寝殿に近い大型の建物とみた方が良いように思われる。

〔建物1〕

・報告書「大棟に瓦を葺く平安貴族の邸宅風の建物であったと考えられる。あるいは5間四方とい

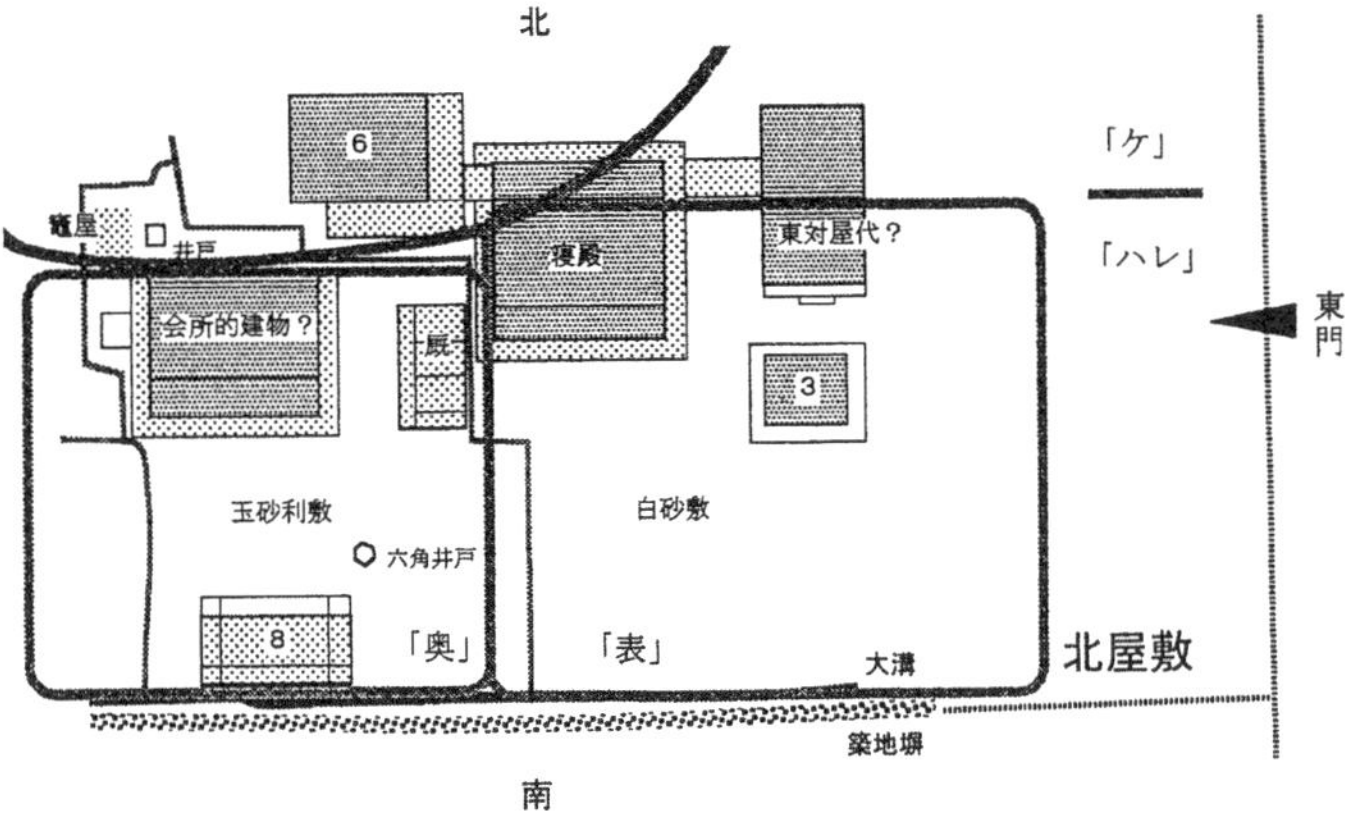


図49　小野正敏氏の模式図（小野2004より）

う規模からして、大型の持仏堂のようなものであったかもしれない」。

・小野「寝殿」。

・鈴木「方五間の平面からみて持仏堂と考えられ、屋根をこけら葺《ぶき》入母屋《いりもや》造りとし、大棟に瓦を葺いた京都風の建物」。

＊正方形の建物で、瓦を葺くという点から、持仏堂の可能性が指摘されている。しかし、必ずしも持仏堂でなくても良いと思われ、建物規模からは、小野氏の評価のほうに妥当性があると思われる。いずれにせよ、建物5と建物1が、寝殿を中心とする屋敷の中核エリアと考えられる。

〔建物2〕

・報告書「「奥座敷」的性格をもっと（ママ）ものと考えられる。想像をたくましくするならば、建物周辺の出土遺物に日常生活臭の少いことで、調度品で飾られた接客用（とくに宴会用）の建物ではなかったか」。
・小野「会所的建物」。
・鈴木「屋敷の奥向きにあって歌会や茶会等の遊宴を行う建物」「遊宴を主とした会所のような建築」。
＊この建物は、おもに接客に用いられた建物という点で三者の評価もほぼ一致しているようである。ただし、厳密に言えば、独立した接客建物としての「会所《かいしょ》」は室町期に確立するとされているので、「会所」とは呼べないであろう。

## 3　『吾妻鏡』に見る接客空間

前節で見たように、北側武家屋敷の敷地の奥に位置する建物2は、接客・遊興用の施設として性格がかなり明確であるが、建物5と建物1の違いについては判然としていない。そこで、以下では文献史料（『吾妻鏡』）に現れる上層武士の屋敷における接客の場面に着目して、屋敷内の構成のヒントを得ることとしたい。

『吾妻鏡』には、将軍が執権・連署など有力御家人の屋敷に出かける「御行」（御成）ともいうべき事例について、いくつかの記事が見出される。まず、一例をあげる。

・建長五年（一二五三）正月三日条

（将軍宗尊親王）相州（北条時頼）南門に入御す。奥州（北条重時）〈布衣・下括〉等、予め庭上に着せらる。土御門宰相中将〈顕方卿〉御車を寝殿妻戸の出居に寄す。予め菓子〈八合・十二合〉、瓶子、鯉〈俎木に置く。副箸刀を副う〉を置かる。また色革羽等を積む。盃酌数巡の後、御遊あり。次いで寝殿の東向に出御、御簾を上げらる〈役人前のごとし〉。供三献。

将軍は執権北条時頼邸の南門から入り、まず「寝殿」の「出居《でい》」に入って宴会を行い、さらに「寝殿」の「東向」に場所を移し、御簾《みす》をあげてさらに宴が続けられていることがわかる。

続いてもう一例、連署北条政村の常葉《ときわ》の別荘への御行の事例を見てみよう。

・建長八年八月二十三日条

将軍家（宗尊親王）新奥州（北条政村）常葉第に入御す。（中略）まず入御出居に入御。その所に衣架を立つ。御服半尻の狩御衣《かりのおんぞ》〈浮線綾〉、御水干袴《ごすいかんばかま》〈地白青格子〉、色々の御小袖十具、御帷子《かたびら》五等を懸けらるるなり。御棚に八合菓子を居う。また巻絹三十疋、紺布三十、檀紙百帖、扇五十本、広蓋《ひろぶた》に積む。次いで供御〈六本立〉。次いで盃酒を供う。三献の後、泉屋に渡御。金銀以下を以って屋形船〈金五十両、南廷三、色々紺絹三十、帷三十、墨二、錦一端、呉綾一端、紫扇五十本等なり〉を作り、この所に置かる。

この場合も、将軍はまず寝殿の「出居」に入って宴会を行い、その後「泉屋《いずみや》」へ移動して接待を受けている。ちなみに、「出居」とは、一般に寝殿造において対屋や二棟廊、庇など周縁に設けられた接客空間のことを指すが、鎌倉の上層武士の屋敷の場合は特に寝殿南面を指すものと指摘されている〔藤田一九九九〕。

また、御成そのものの記事ではないが、次の記述も注目される。

・嘉禎二年（一二三六）十二月十九日条

亥刻、武州（北条泰時）御亭に御移徙なり。日ごろ御所北方に新造せらるるところなり。桧皮葺屋ならびに車宿を建てらる。これ将軍家入御のためと云々。

新築された北条泰時邸において、将軍御成用に「桧皮葺屋《ひわだぶき》」と「車宿《くるまやどり》」が設けられたことがわかる。この「桧皮葺屋」と同様の施設と思われるものが、時頼邸についての次の記事にも見えている。

・宝治元年（一二四七）八月九日条

左親衛（北条時頼）桧皮寝殿に移住せしめたまう。本御居所を以て、修理を加えらるべきに依るなり。

時頼の宝戒寺亭には、時頼が日常的に使用している「御居所」のほかに、「桧皮寝殿」があったことが記されている。この「桧皮寝殿」も、御成用の施設と考えられる〔藤田一九九八〕。

さらに、北条時宗邸においても桧皮寝殿の存在が確認できる。

・正元二年（一二六〇）三月二十一日条

戌刻、御息所（宗尊親王室・近衛宰子）入御。まず御輿を東御亭〈相州太郎（北条時宗）御亭〉の桧皮寝殿の妻戸に寄す。東御方参り儲けらる。相州（北条政村）・武州（北条長時）これに候ぜらる。次いで同西門〈平門〉より出御。

時宗の東御亭は、右に見た時頼の宝戒寺亭と同じものと考えられることから〔秋山二〇〇六〕、将軍御成用の寝殿が次の時宗の代にも継承され、将軍正室を迎える場所として提供されたものと思われる。

時頼・時宗邸を継承した北条政村の小町邸〔秋山二〇〇六〕については、次のような記事がある。

・文永二年（一二六五）七月十六日条

晩に及び、将軍家（宗尊親王）左京兆（北条政村）小町亭に入御。（中略）左京兆庭上に跪き、出居に入れ奉らる。御安座以前に鍾を供御。供奉人の前に至り、みな肴物を置く。しかるに三献の未だ終わらざるの程、秋田城介泰盛（安達）砂金百両・鞍馬一疋を送る。御所入御の由伝え承わるにより、これを引き進らすと称すと云々。また戌剋、亭主息女嫁聚の儀あり。相模左近大夫将監（北条）宗政亭に渡らる。出居において御酒宴あり。姫公、常居所より出立しおわんぬ。

将軍を迎えて「出居」（寝殿）で酒宴が行われたために、同日に婚礼が行われた亭主政村の娘は屋敷の「常居所《つねのきよしょ》」から出立している。この「常居所」は時頼邸の「御居所」や将軍御所の常御所と同様の施設、すなわち亭主政村の日常の居所と考えられる。

以上の事例から、『吾妻鏡』に見える上層武士の屋敷における接客の流れを空間的に復元してみよう。将軍などの貴人が屋敷に入る時は、まず御成用に建てられた桧皮葺の「寝殿」の「出居」（南面）に入り公的な酒宴を行い、その後、寝殿の「東向」や別棟の「泉屋」などへ移動して、より打ちとけ

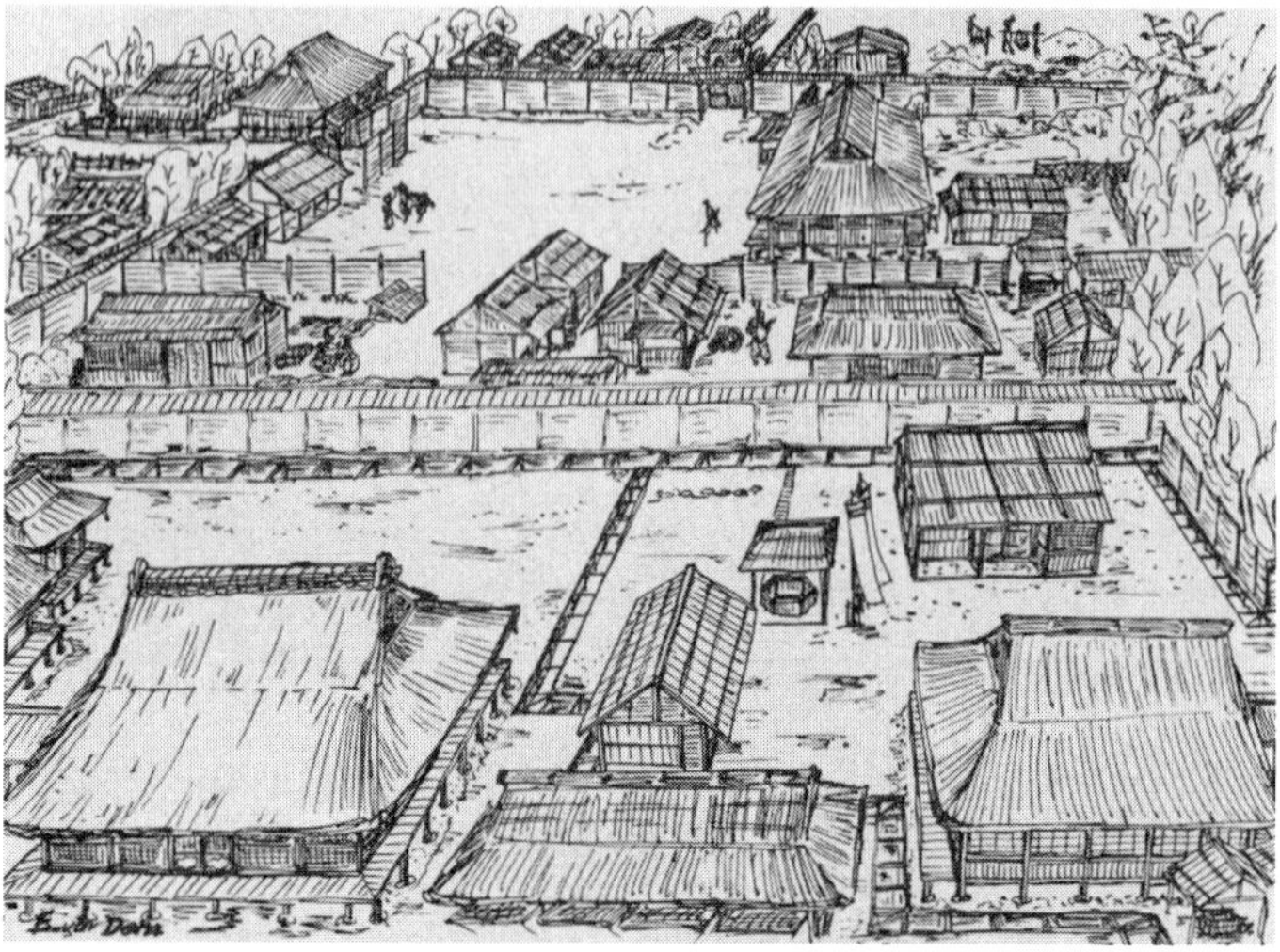

**図 50　今小路西遺跡北側屋敷の復元案（河野眞知郎作成，北から見た景観）**（石井進他編『よみがえる中世　武士の都鎌倉』平凡社，1989 年より）

た形の宴が続けられたのではなかろうか。それらとは別に、亭主の日常生活の場である「常居所」があった、と想定される。

## *4*　上層武士の屋敷の構成

　前節の考察をふまえて、あらためて御成小学校遺跡北側屋敷の建物を位置づけてみたい。軒瓦が出土したことから桧皮葺屋根に大棟に瓦を積んでいたとみられる〔河野一九九五〕建物1は、御成用の「桧皮寝殿」であろう（図50）。正方形で大型の施設は、公的な宴会などの儀礼的な使用にふさわしい。輸入陶磁器が出土し玉砂利《たまじゃり》敷きの庭を備え、遊興的な性格の濃厚な建物2が、「泉屋」に相当すると思われる。門に近く、建物1と接続する大型の建物5は、亭主の日常生活空間である「常居所」と見るべきであろう。

そのほか、当然存在したはずであるにもかかわらず出土していない建物としては、調理場の施設（釜殿《かなえどの》・贄殿《にえどの》）などがあるが、調査区に連続する未発掘地区にあると考えたい。

3B面の遺構から推測すると、北側武家屋敷内には常居所・寝殿を中心とする東側のエリアと、泉屋や井戸などを中心とする西側のエリアがあったということになる。それぞれの空間的特徴は、小野正敏氏の提唱する「表」と「奥」という空間分類が的確に表現していよう〔小野二〇〇四〕。

鎌倉の武家屋敷は、居住者の階層によって多様であり、一概には述べられないが、鎌倉常住武士、なかでも上層武士の屋敷においては、接客用の寝殿と遊興用の泉屋などを備える点が特徴的であった。それらの建物は、将軍の御行（御成）を前提とした屋敷の構成であり、一種のステイタスシンボルということができよう。

【参考文献】

秋山哲雄　二〇〇六年『北条氏権力と都市鎌倉』吉川弘文館
秋山哲雄　二〇一〇年『都市鎌倉の中世史―吾妻鏡の舞台と主役たち―』吉川弘文館
石井　進　一九八九年「鎌倉武士たちの屋敷」石井進・大三輪龍彦編『よみがえる中世3　武士の都 鎌倉』平凡社
今小路西遺跡発掘調査団編　一九九〇年『今小路西遺跡（御成小学校内）発掘調査報告書』鎌倉市教育委員会
今小路西遺跡発掘調査団編　一九九三年『今小路西遺跡（御成小学校内）第5次発掘調査概報』鎌倉市教育委

員会
海老名尚・福田豊彦　一九九二年『『田中穣氏旧蔵典籍古文書』「六条八幡宮造営注文」について」『国立歴史民俗博物館研究報告』第四五集
太田静六　一九八七年『寝殿造の研究』吉川弘文館
小野正敏　二〇〇四年「中世武士の館、その建物系譜と景観―東国の事例を中心として―」同他編『考古学と中世史研究1　中世の系譜　東と西、北と南の世界』高志書院
河野眞知郎　一九九五年『中世都市鎌倉　遺跡が語る武士の都』講談社
河野眞知郎　二〇一五年a「鎌倉のなりたちと変遷」『鎌倉考古学の基礎的研究』高志書院
河野眞知郎　二〇一五年b「鎌倉の武家屋形と都市住居」『鎌倉考古学の基礎的研究』高志書院
鈴木　亘　二〇一四年「御成小学校内発掘調査により検出された中世武家屋敷の建築」『鎌倉』一一七号
藤田盟児　一九九八年「鎌倉の執権邸の位置と特質について」『日本建築学会大会学術講演梗概集』
藤田盟児　一九九九年「鎌倉武士住宅の空間構成―幕府御所を中心として―」関口欣也先生退官記念論文集刊行会編『建築史の空間』中央公論美術出版
松尾剛次　一九九三年『中世都市鎌倉の風景』吉川弘文館
馬淵和雄　一九九五年「今小路西遺跡（御成小学校内）の再検討―中世武家屋敷居住者をめぐって―」『鎌倉』七七号

# おわりに

大小の谷に囲まれた中世都市鎌倉を、人々はどのように活用し、住みこなしていたのであろうか。本来の自然の谷は奥に入るにしたがって傾斜がきつく狭くなっていたが、鎌倉に入った武士たちは谷を部分的に切り崩し、階段状の平場を作り、居住空間を確保していったのである。谷の入り口や、谷を通る道沿いには町が成立し、谷の奥寄りの場所には、武家屋敷や寺社が展開していた。寺社・武家屋敷は、威儀を正し、精神の平穏が求められる場であり、静寂な谷の奥に向かって展開することになったのである。さらに最奥部の山際には、もっとも静寂が求められる場所である墓所・やぐら（岩窟式の墓所）が作られた。

こうした中世の谷の風景は、鎌倉幕府滅亡の直後に作成された『円覚寺境内絵図』（円覚寺蔵）や、『浄光明寺敷地絵図』（浄光明寺蔵）に詳しく見ることができる。中世都市鎌倉に暮らした人々は、谷の特性を生かして巧みに住み分けを行っていたのである。

かつて拙著『武士の掟―「道」をめぐる鎌倉・戦国武士たちのもうひとつの戦い―』（新人物往来社、二〇一二年）の「あとがき」において、「都市史研究は、都市の構造やプランばかり議論して、人間の姿がみえない、という批判を耳にすることがあるが、決してそんなことはない。目を凝らしてみれば、都市の構造や支配のしくみなどの背後に、人々の生活がみえてくるのだ」と記した。この思いは、現在も変わることはない。

中世都市鎌倉の生活を探るという点では、考古学の果たす役割はきわめて大きく、人々の生活をいきいきと描き出す考古学の諸研究に多くを学ばせてもらった。それらに応えるべく、文献史学の立場から中世鎌倉に暮らした人々の実像に何とか迫ろうとしたのが本書である。以下、各章の成稿事情を掲げる。

鎌倉文化は「柏餅」（新稿）

Ⅰ　都市をつくる・維持する

一　鎌倉の山と谷（新稿）

二　鎌倉と災害（『中世都市研究14　開発と災害』新人物往来社、二〇〇八年）

三　鎌倉を襲った中世の大地震（第三回鎌倉考古学研究所シンポジウム「考古学からみた鎌倉の災害」〈二〇一三年〉における口頭報告を原稿化）

四　中世鎌倉の橋（『新・遺跡と文献』創刊号、二〇〇六年）

五　都市鎌倉と禅宗寺院（原題「中世都市鎌倉と禅宗寺院」。村井章介編『東アジアのなかの建長寺―宗教・政治・文化が交叉する禅の聖地―』勉誠出版、二〇一四年）

Ⅱ　都市に暮らす・都市を訪れる

一　中世都市鎌倉―武家政権中心地の諸相（『別冊歴史読本　源氏、武門の覇者』新人物往来社、二〇〇七年）

二　中世の都市と三浦一族（『三浦一族研究』一二号、二〇〇八年）

三　一遍にとっての鎌倉（小野正敏他編『一遍聖絵を歩く―中世の景観を読む―』高志書院、二〇一二年）

四　鎌倉の境界と周辺（「中世都市の境界」竹田和夫編『古代・中世の境界意識と文化交流』勉誠出版、二〇一一年および「中世都市と周辺地域―平泉と骨寺―」シンポジウム『日本都市史のなかの平泉』〈二〇一四年〉における口頭報告をもとに再構成）

五　鎌倉の武家屋敷（シンポジウム「鎌倉考古学の方法」〈二〇一五年〉における口頭報告を原稿化）

おわりに（新稿）

本書の大部分は折々に触れて少しずつ書きためてきた鎌倉関係の論考が基となっている。本書にまとめるにあたって、それぞれ主な引用史料を読み下し文に改めるとともに、若干の加筆修正を施している。また新稿は、シンポジウム報告や大学の授業、カルチャーセンターや各種講座等で話した内容をあらためて文章化したものである。さらに、「鎌倉文化は「柏餅」」と「おわりに」については、拙編『鎌倉の歴史―谷戸めぐりのススメ―』（高志書院、二〇一七年）の「序」と重複する部分がある。

このように、多種多様な成り立ちを持つ文章からなる本書ではあるが、あれこれと興味関心が拡散しがちな自分が、比較的一貫して取り組んできた中世都市鎌倉研究の足跡ということになろうか。本書を読んだ方々が、中世の人々の都市生活に思いを馳せながら鎌倉を逍遥してくださることを期待してやまない。また、「都市鎌倉」が、これからも末長く歴史の痕跡を伝える「まち」であり続けてほしいと、心から願うものである。最後になるが、自分の研究生活を支えてくださっているすべての皆さまにあらためてお礼を申し上げます。

二〇一九年八月

高橋慎一朗

著者略歴
一九六四年、神奈川県生まれ
一九九二年、東京大学大学院人文科学研究科博士課程中退
現在、東京大学史料編纂所教授

〔主要著書〕
『中世の都市と武士』（吉川弘文館、一九九六年）、『武家の古都、鎌倉』（山川出版社、二〇〇五年）、『中世都市の力』（高志書院、二〇一〇年）、『北条時頼』（吉川弘文館、二〇一三年）、『日本中世の権力と寺院』（吉川弘文館、二〇一六年）

# 中世鎌倉のまちづくり
## 災害・交通・境界

二〇一九年（令和元）十一月一日　第一刷発行

著　者　高《たか》橋《はし》慎《しん》一《いち》朗《ろう》
発行者　吉川道郎
発行所　株式会社 吉川弘文館
郵便番号一一三—〇〇三三
東京都文京区本郷七丁目二番八号
電話〇三—三八一三—九一五一〈代表〉
振替口座〇〇一〇〇—五—二四四番
http://www.yoshikawa-k.co.jp/
印刷＝株式会社 理想社
製本＝誠製本株式会社
装幀＝清水良洋・高橋奈々


ISBN978-4-642-08361-4

# 史跡で読む日本の歴史 ⑥鎌倉の世界

高橋慎一朗編　四六判・二九〇頁／二八〇〇円

東国に成立した武家政権は、人・物・情報の全国的大移動を促し、交通・産業の発展をもたらした。都市鎌倉、荘園と居館、鎌倉仏教、金沢文庫、元寇防塁、南北朝遺跡など、主要な関連史跡から、躍動する人々の姿を再現。

# 北条時頼（人物叢書）

高橋慎一朗著　四六判・二八八頁／二二〇〇円

鎌倉時代中期の執権。宝治合戦で三浦氏を滅ぼし、得宗家を中心とする幕府体制を完成させる。建長寺を創建し、執権を辞任・出家した後も幕府の最高権力者であり続けた。政治家と仏教者の両面を合わせ持った生涯を描く。

# 都市鎌倉の中世史 吾妻鏡の舞台と主役たち（歴史文化ライブラリー）

秋山哲雄著　四六判・二三八頁／一七〇〇円

「都市計画に基づく難攻不落の武士の都」。このような鎌倉のイメージは正しいのだろうか。御家人の暮らし、北条氏邸宅のありか、寺院が多い理由など、中世の鎌倉の実像に迫る。従来のイメージを覆す、新しい鎌倉都市論。

# 中世都市鎌倉の風景

松尾剛次著

四六判・二四〇頁／二五〇〇円

近年の発掘成果と絵図などから武家の首都・鎌倉の実像に迫る。将軍御所の移転と都市機能との関係、中世鶴岡八幡宮や四境を探り、鎌倉と新仏教の関わりや祇園会における町衆の姿なども考え、中世都市鎌倉を再現する。

# 人をあるく 源頼朝と鎌倉

坂井孝一著

A5判・一六〇頁／二〇〇〇円

初の武家政権を鎌倉に創設し、弟の義経を死に追いやった冷徹な政治家とされる頼朝。平治の乱や石橋山合戦など、相次ぐ命の危機で負った心の闇に迫り、伊豆・鎌倉・平泉などゆかりの地を訪ね、波乱の生涯を描き出す。

# 人をあるく 日蓮と鎌倉

市川浩史著

A5判・一五二頁／二〇〇〇円

仏教の〈坩堝〉鎌倉に果敢に飛び込み、卓抜した行動で法華経信仰を流布させた日蓮宗の開祖。蒙古襲来の予言、念仏者との抗争、たび重なる流罪など波瀾の生涯を活写。鎌倉の日蓮宗寺院を巡り、その思想と行動に迫る。

吉川弘文館編集部編

# 鎌倉古社寺辞典

二七〇〇円（税別）

多くの寺社がひしめくように建ち並び、今なお歴史的風土が色濃い古都・鎌倉。約一五〇ヵ所の社寺について、由緒や歴史、文化財を、豊富な図版も交え平易に解説。市内を五つのエリアに分けて項目を配列し、略地図のほか、鎌倉関係人物略伝、年中行事・文化財一覧、略年表、索引などの付録も充実した、歴史探訪の旅を楽しむ必携のハンドブック。

四六判・三〇四頁